한국 이명박 대통령의 영적 메시지

한반도의 통일과 한일의 미래

한국 이명박 대통령의 영적 메시지
한반도의 통일과 한일의 미래

오오카와 류우호오 지음

박　　재　　영 옮김

가림출판사

책머리에

올해 1월에 나는 《북한 - 종말의 시작 -》이라는 책을 내고 매스컴을 깜짝 놀라게 했는데, 이 책 역시 일련의 국제정세를 영적으로 분석한 것 중 하나다.

이 머리말을 쓰고 있는 오늘, 각 신문들과 TV 뉴스, CNN 등은 어제 한국에서 열린 서울 핵안보 정상회의에서의 북한 탄도미사일 발사 방지를 둘러싼 외교활동을 열렬히 보도하고 있다. 지구 뒤편에서는 오바마 대통령도 부랴부랴 연설에 임하며 중국의 후진타오 주석과도 대담했다. 이처럼 앞으로 세계가 취해야 할 자세에 관해 한국의 이명박 대통령을 중심으로 세계 각국이 진지하게 협의 중이다.

하지만 슬프게도 일본의 노다 수상의 모습은 그곳에 없었다. 소비세 증세 논의에 파묻혀서 일정을 마련하지 못했다나? 한국과 제일 가깝고 북한의 미사일 위협을 가장 잘 느낄 일본을 위해 세계 정상들이 모이는 것을 아무래도 모르는 모양이다. '재팬 패싱(Japan Passing)' 또는 '재팬 너싱(Japan Nothing)' 이다(일본은 핵안보 정상회의를 패스 내지 불참한다는 의미, 어제 심야에 방한하여 하루 늦게 오늘 겨우 합류. 꼴사납다.).

　노다 수상의 본심은 북한의 미사일 대책에 관한 책임을 자위대에만 떠맡길 의도일 것이다. 동일본 대지진과 똑같은 구도로 그에겐 국가적 외교 전략이 없다.

　도대체 일본은 언제부터 이런 약소국이 되었을까. 일본의 정치가들은 이 책을 통해 한국 대통령의 강력한 메시지를 받아들였으면 한다.

2010년 10월 26일
행복실현당 창립자 겸 당 명예총재
오오카와 류우호오

Contents | 차례

'영언(靈言)현상'이란 저 세상에 있는 영 존재의 말을 대신해서 말하는 현상이다. 이는 고도의 깨달음을 얻은 자에게 특별히 나타나는 것으로, '영매현상(靈媒現象 : 트랜스 상태-정상적인 의식이 아닌 상태. 최면 상태나 히스테리 상태에서 나타나는데, 외부 세계와 접촉을 끊고 깊은 명상 상태에 들어가 특수한 희열에 잠기는 것을 이른다-가 되어 의식을 잃고 영이 일방적으로 말하는 현상)' 과는 다르다. 외국인의 영(靈)이 영언할 때는 영언현상을 행하는 자의 언어중추에서 필요한 말을 골라내어 일본어로 말할 수 있다. 인간의 혼은 여섯 명의 그룹으로 되어 있으며, 저 세상에 남아 있는 '혼의 형제' 중 한 명이 이 세상에서 수행하는 본인의 수호령을 맡고 있다. 즉 수호령이 실은 자기 자신의 혼의 일부인 셈이다. 따라서 수호령의 영언이란 말하자면 본인의 잠재의식에 접근하는 것이며, 그 내용은 그 사람의 잠재의식에서 생각하는 것(본심)이라고 할 수 있다.

{ 한국 이명박 대통령의 영적 메시지
한반도의 통일과 한일의 미래 }

2012년 3월 22일

이명박 수호령의 영시(靈示)

이명박(1941~)

한국의 정치가. 일본 오사카시에서 태어나 전쟁이 끝난 직후 부모님과 함께 한국으로 건너간다. 대학 졸업 후 '현대건설'에 입사하여 젊은 나이에 사장과 회장으로 출세하여 중소기업이었던 현대건설을 한국 최고의 기업으로 끌어올렸다. 1992년에 국회의원이 되었고 서울 시장을 거쳐 2008년 한국의 대통령으로 취임했다.

|질|문|자|

구로카와 **하쿠운**(행복실현당 정무조사회장)

아야오리 **지로**(〈더 리버티〉 편집장)

※ 수록 시점의 지위임

01

한국
이명박 대통령의
수호령을 부르다

한국은 일본에게
가깝고도 먼 나라

오오카와 류우호오

현재 행복의 과학에서는 외교문제에 관해 각국 지도자의 수호령을 초령(招靈)하는 등 여러 가지로 연구 중입니다. 얼마 전(2012년 3월 6일)에는 러시아의 차기 대통령 푸틴의 수호령을 초령했습니다(《러시아의 새 대통령 푸틴과 제국의 미래》: 행복실현당 간행 참조). 그리고 북한 지도자의 수호령과(《북한 - 종말의 시작》: 행복실현당 간행 참조) 중국 지도자의 수호령도 불렀습니다 (《국가사회주의란 무엇인가》: 행복의 과학 출판 간행, 《원자바오 수호령이 말하는 대 중화제국의 야망》, 《세계 황제를 노리는 남자》: 모두 행복실현당 간행 참조).

그리고 한국 이명박 대통령의 수호령도 불러야 할 것 같습니다. 그의 본심이 어떤지 아직 충분히 연구하지 못했기 때문입니다.

일본이 생각하는 한국은 '가깝고도 먼 나라'이자 어려운 나라입니다. 한국과 일본은 서로를 알면서도 모릅니다.

지난해 12월쯤부터 서울의 일본대사관 앞에는 종군위안부로 끌려간 13세 소녀상이 설치되어 있습니다. 그 소녀상은 일본대사관을 바로 정면에서 응시하며 '대책을 세워라'는 듯이 일본을 위협하는 느낌입니다.

이것은 이명박 대통령의 선거대책으로 보입니다. '1년 안에 있을 대통령 선거에서 반일 세력 표를 모으려고 하는 게 아닐까' 싶고, 또 '정치·경제 방면에서의 평판이 떨어지니까 시작했나' 싶기도 합니다.

북한에서 3대째 세습된 지도자 시대로 접어든 탓에 정세가 긴박하게 돌아가자, 이명박 씨는 한국의 대통령으로서 딜레마 상태에 빠진 게 아닌가하는 인상을 받았습니다.

그런 의미에서 그의 진심이 무엇인지 알고 싶습니다.

또 오늘 이명박 대통령 수호령의 영언을 수록하려고 한 것은 오늘 아침 신문을 봤기 때문이기도 합니다.

신문에 의하면 북한이 이번 4월에 인공위성 발사를 칭하며 탄도미사일 발사 실험을 할 모양입니다.

당연히 남한도 남부 지역까지 사정거리에 들어갑니다. 한국이 보유한 미사일에는 단거리 미사일이 많기 때문에 한국은 그 사정거리를 늘리려고 미국과 대화를 시작한 듯합니다.

하지만 이명박 대통령은 종군위안부 문제에 관해 '법률적인 문제는 아니지만 인도적인 문제다'라고 하는 등 상당히 수상한 태도를 보이는 것 같습니다.

이명박 대통령은 오사카에서 태어난
입지전적인 인물

오오카와 류우호오

한국에서는 김대중 대통령과 노무현 대통령이 재임한 10년이 좌익 정권이라고 생각한 사람들이 더러 있었습니다. 이 두 사람을 보면 매우 원리 원칙을 세우려고 했던 대통령이었습니다.

김대중 씨는 일본의 호텔 그랜드 팰리스에 체류 중에 납치당

해 행방불명된 적이 있습니다. 영화를 실제로 옮겨놓은 듯한 이야기입니다. '어느 샌가 유인 당했다'는 믿을 수 없는 일이 있었지만, 그 일이 있고 난 약 30년 후 대통령이 되었습니다.

노무현 씨는 매우 논리적이었습니다. 그는 북한에게 〈북풍과 태양〉 우화를 빗대어 햇볕정책을 추진했지만, 나는 굉장히 무르고 약한 대책을 취했다고 느꼈습니다.

한편 2007년 12월에 이명박 씨가 대통령에 당선되었을 때 나는 '이로써 한국은 바로 서겠다'는 인상을 가졌습니다.

이명박 씨가 1994년에 쓴 자서전으로 《강자는 우회하지 않는다》(제목은 《신화는 없다》)는 책이 있습니다(한국에서는 1995년, 일본에서는 1996년에 발간). 재계 쪽에서 유명했던 그의 책을 읽고 그때 나는 '이 사람은 대통령이 되지 않을까'라고 생각했습니다. 자서전이 간행된 지 13년 후 그는 실제로 대통령이 되었습니다.

그는 입지전적인 인물이기는 합니다. 1941년에 오사카에서 태어나 전쟁이 끝난 후 일가족이 함께 모국인 한국으로 건너 갔습니다. 고등학교 시절에는 야학을 다니며 고학으로 대학을 나와 '현대건설'이라는 회사에 입사하여 영세기업을 한국

최고의 기업으로 끌어올렸습니다. 그를 모티브로 한 TV 드라마가 제작된 적도 있다고 합니다.

하지만 그의 부인은 결혼 후 야학 출신인 건 몰랐다. 속았다고 했다고 합니다.

그는 대부분의 정책에 관해서는 훌륭한 사고를 갖고 있으며 이는 오늘날 한국에 필요한 것이 아닐까 싶습니다. 한국에는 이런 대통령이 나와야 했을 것입니다.

현재 임기가 1년도 채 남지 않았지만, 북한의 정세가 불안정한 가운데 이명박 대통령이 아직 존재한다는 것 자체가 한국에게 잘된 일이 아닐까요? 노무현 씨나 김대중 씨로는 힘들었을 겁니다.

한국도 미국과 마찬가지로 앞으로 어떤 변수가 나올지 알 수 없습니다.

미국과 일본은 민주당 정권의 탄생으로 좌익으로 기울어졌지만, 2007년 대통령 선거 결과 한국은 우익으로 기울어졌습니다. 내 생각에는 우경화(右傾化)가 결과적으로는 한국에게 잘된 일인 것 같습니다.

일본에게
말로 표현할 수 없는 억울함이 있는 한국

오오카와 류우호오

이명박 대통령은 크리스천이며 자본주의 신봉자이기도 합니다. 하지만 한일의 문화적 마찰 문제에 관해서는 여느 한국인처럼 인습적인 문제를 갖고 있는 것 같습니다.

그것에 관해 '어디까지가 진심이고 어디까지가 겉치레인가. 강경하게 생각하는 것인가' 는 모르겠지만, 그 문제는 일본에 큰 장애물이 될 것입니다.

한반도는 지정학적으로 매우 복잡한 곳입니다. 대국인 중국과 러시아, 그리고 일본에 둘러싸여 지낸 터라 주위 나라에 상당히 농락당한 역사를 갖고 있는 게 아닐까요?

그로 인해 국민감정이 매우 복잡한 것 같습니다. 확실히 말하진 못하겠지만 말로 표현할 수 없는 억울함 같은 걸 갖고 있을 겁니다.

아마도 일본이 제2차 세계대전에서 미국에게 패배하고 원자폭탄까지 맞았는데 예전의 한일합병처럼 일본도 미국의 일개 주(州)로서 미국에 합병되지 않은 것이 한국은 분할 것입니다. 즉 한국인은 '일본은 미국에 합병되어 버려라' 라고 생각했을지도 모릅니다.

또한 일본에 황실이 아직 남아 있는 것도 틀림없이 분할 것입니다. 진심은 천황제도가 몰락하길 바랐을지도 모릅니다.

한국에는 그런 점이 있습니다.

이는 비단 한국뿐만 아니라 중국도 그렇지만, 사실 독립했다고 해도 일본과의 전쟁에 이겨서 독립한 게 아닌 점이 분한 것입니다.

중국은 전쟁이 끝나는 과정에서 일본이 점령한 곳을 일본이 일방적으로 포기한 결과 독립할 수 있었습니다.

한국 역시 일본과 전쟁을 해서 독립한 게 아니기에 억울할 것입니다. 한일 전쟁을 해서 일본에게 이겨 독립했으면 속이 후련했겠지만, '일본이 멋대로 한반도를 포기했기 때문에 결과적으로 소속할 곳이 없어져서 독립할 수 있었다' 는 사실을 억울해 하는 게 아닐까요?

한국은 독립 후 다소 강경책으로 변해서 이승만 대통령 시절에 '이승만 라인'이라는 형태로 여기부터는 한국령이라며 맘대로 경계선을 그어버렸습니다. 당시의 일본은 새 헌법에 의지하는 상황이어서 방위체제와 국방체제가 충분히 갖춰지지 않았습니다.

한국이 멋대로 그린 국경선에 따르면 독도도 한국으로 들어가기 때문에 독도의 귀속을 둘러싸고 아직도 양국 간에 옥신각신하는 것입니다.

그리고 일본의 역사교과서 내용에 관해서도 한국에서 이런 저런 말이 많은데, 당연히 이에 관한 반론이 있습니다.

한국에서 태어나 일본으로 귀화한 오선화 씨의 책을 읽어 보면 '일본에서는 교과서가 저마다 다른 의견을 피력하는 반면 한국이나 중국에서는 교과서 내용이 대부분 통일되어 있으며 그 밖의 의견은 있을 수 없다'고 적혀 있습니다.

따라서 한국은 역사 인식 문제를 일원적으로 관리하면서 그와 모순되는 부분에 대해 화를 내는 것 같습니다. 내 생각에 그들은 다원적인 사고를 하기 힘들어 보입니다.

북한 문제까지 해결할 힘이 있을까

오오카와 류우호오

이명박 씨는 정치가여서 표면적으로는 여러 가지 의견을 말하지만 진심은 모릅니다. 진심이 무엇인지를 오늘 그의 수호령에게 물어보고 싶습니다. 그는 일본에서 태어났으니 일본어로 해도 알아들을 겁니다.

이명박 대통령 재임기간에 한국이 경제적으로는 상당히 강해졌는데, 오늘 질문할 내용은 '그에게 북한 문제까지 해결할 만한 힘이 있는가' 하는 점일 것입니다.

김대중 대통령은 노벨평화상을 받으려 열심히 북한에 공물을 갖다 준 것처럼 보였기 때문에 오히려 북한의 지도자가 위세를 떨며 통일된 한반도의 대통령처럼 보인 면도 있었습니다.

향후 미국과 일본, 북한, 중국 등을 어떻게 생각하고 있는지, 또 한국을 어떻게 이끌고 싶은지에 관한 의견을 이명박 대통령의 수호령에게 들을 수 있으면 좋겠습니다.

나는 이명박 씨에 관해 그다지 나쁜 인상은 갖고 있지 않으며 언젠가 나와야 할 사람이라고 여겼습니다. 그가 대통령이 된 것은 한국인에게는 행운이었을 겁니다.

하지만 한국에서 오랫동안 전도(傳道)하고 있음에도 행복의 과학의 한국 신자 수는 별로 늘고 있지 않습니다. 한일의 문화적인 문제가 제법 뿌리 깊고 양국 간에는 역시 걸림돌이 있는 것 같습니다. 어딘가에서 아직도 넘어야 할 문제가 있는 듯합니다.

이명박 대통령의 수호령을 부르는 오늘, 이로 인해 그 문제가 해결 방향을 찾을지 아니면 문제가 더 심각해질지 나로서는 모르겠습니다.

이명박 대통령의
수호령을 초령하다

오오카와 류우호오

이명박 대통령의 수호령을 부르기는 처음입니다.

(구로카와에게) 준비되셨습니까? 당신은 박식하니까 괜찮겠죠? 그럼 한국 이명박 대통령의 수호령을 불러보겠습니다.

(눈을 감고 합장한다)

한국 대통령, 이명박 대통령의 수호령이여. 부디 행복의 과학 종합본부로 내려오셔서서 본심을 밝혀 주십시오.

이명박 대통령의 수호령이여. 부디 행복의 과학 종합본부로 내려오셔서서 그 본심을 밝혀 주십시오.

절박한 국제 정세 가운데 한국이 취해야 할 자세와 일본에게 바라는 것을 말해 주십시오. 국제정세나 경제 등에 관해 어떤 생각을 갖고 계십니까? 가능하면 일본인들을 위해서, 아니면 다른 나라 사람들을 위해서도 한국의 의견으로 대통령의 본심을 밝혀 주시기 바랍니다.

이명박 대통령의 수호령, 흘러든다, 흘러든다, 흘러든다, 흘러든다, 흘러든다, 흘러든다, 흘러든다.

(약 15초간 침묵)

한국 이명박 대통령의
수호령을 부르다

02

한반도의
남북 분단을
어떻게 느끼는가

♣ 행복의 과학에 대해서 알고 있는
이명박 대통령

이명박 수호령 : ……

구 로 카 와 : 이명박 대통령의 수호령님이십니까?

이명박 수호령 : ……

구 로 카 와 : 오늘 행복의 과학 종합본부에 오신 것을 환
영합니다.

이명박 수호령 : 으음?

구 로 카 와 : 여기는 일본 도쿄에 있는 행복의 과학 종합
본부입니다.

이명박 수호령 : 으음? 으음……

구 로 카 와 : 아시겠습니까?

이명박 수호령 : 음?

구 로 카 와 : 지금 행복의 과학 종합본부에 오셨는데요,
이명박 대통령의 수호령님에게 앞으로의 한
국과 일본, 세계와의 관계에 관해서 가르침

을 받고자 합니다.

이명박 수호령 : 아니, 잠깐. 뭔가 좀 이해가 안 가. 어떻게 된 거지?

구 로 카 와 : 당신은 한국의 이명박 대통령을 영적으로 지도하고 계십니다만……

이명박 수호령 : 아, 아아.

구 로 카 와 : 지금 행복의 과학의 오오카와 류우호오 총재가 초령해서 당신이 일본 도쿄에 있는 행복의 과학 종합본부에 오신 것입니다.

이명박 수호령 : 행복의 과학?

구 로 카 와 : 네.

이명박 수호령 : 으음.

구 로 카 와 : 한국에도 본 모임의 지부가 있습니다.

이명박 수호령 : 얼핏 들었는데, 뭐 그리 크진 않아.

구 로 카 와 : 아니, 앞으로 전도해가려고요.

이명박 수호령 : 얼핏 들어서 정보는 입수했는데, 내게 표를 모아줄 만한 세력은 없나?

구 로 카 와 : 앞으로 힘을 내서 응원하겠습니다(웃음). 네.

빨리 만날 수 있도록 하고 싶다

이명박 수호령 : 그래서 그게 어쨌다고?

구 로 카 와 : 네. 북한의 위성(미사일) 발사 문제를 포함해
현재 동아시아 정세가 상당히 긴박합니다.

이명박 수호령 : 그래. 맞아. 그것 때문에 바쁘다고.

구 로 카 와 : 네. 정말로 바쁘신 와중에 와 주서서 황송한
데요, 오늘은 일본과 미국이 북한 문제를 어
떻게 대처하면 좋을지에 대해 이명박 대통령
의 수호령님으로부터 가르침을 받고 싶습니
다.

이명박 수호령 : 이거야 원, 정말 난처한데. 역대 대통령이 말이
야.

구 로 카 와 : 그렇겠네요. 네.

이명박 수호령 : 몇십 년이나.

구 로 카 와 : 네.

이명박 수호령 : 38선 때문에 남북이 분단되는 바람에.

구 로 카 와 : 네, 네.

이명박 수호령 : 정말이지 어정쩡하게 그만둬서 진짜 곤란해.

구 로 카 와 : 네. 그런 것 같습니다.

이명박 수호령 : 끝장을 내줬으면 속이 후련했을 텐데, 뭐냐고 이건. 그 뒤로 몇십 년 동안 이거에 매달려 있는 건지.

구 로 카 와 : 맞아요. 하지만 이젠 그다지 오래 걸리지 않을지도 모릅니다.

이명박 수호령 : 으음.

구 로 카 와 : 이 남북으로 갈라진 민족의 비극에는 매우 깊은 감정이……

이명박 수호령 : 아는 사람이 이젠 거의 죽을 시기에 접어들었으니까. 그래서 역시 살아 있을 때 갈라진 가족이나 친척 등을 만날 수 있게 해줘야 해. 이젠 다 죽겠지.

구 로 카 와 : 그렇겠네요.

이명박 수호령 : 금방이라고. 그러니까 진짜 '다른 나라'가

될 거야.

구 로 카 와 : 그렇군요. 저희는 북한에 관해서 올해를 '종
말의 시작'으로 삼고 싶고, 한국이 주도하는
형태로 통일 방향으로 나아가길 바라고 있습
니다.

♣ 일본은
남북문제에 책임을 져라

이명박 수호령 : 여기는 일본, 일본이지?

구 로 카 와 : 네. 일본입니다. 지금은 일본에 계십니다.

이명박 수호령 : 자네들 일본인이고?

구 로 카 와 : 네.

이명박 수호령 : 아니, 상당수의 한국인은 38선을 통해 남북
으로 나뉜 것까지 '일본 탓'이라고 여겨. 이
것도 일본 탓이라고 생각하지. 뭐든 일본 탓

이야. 이것도 그래. '나쁜 건 일본'이라고 여기는 사람이 수두룩 해. 남북 분단에 일본은 관계가 없는데. 이건 사실 일본 탓이 아니지만 일본 탓으로 여기는 사람이 한국에는 가득하다고.

요컨대 뭐든 나쁜 건 일본이야. 어느 정도 응석이 포함된 말이겠지만. 일단 일본은 한국을 침략하고 약탈해 갔을 뿐 아니라 전세가 불리해 지자 모든 것을 내던지고 도망쳤다는 느낌이랄까? 후에 어떠한 것도 책임지지 않았다는 일이 있지.

대영제국 같은 곳은 왠지 모르겠지만 아직도 구식민지를 돌봐 주잖아. 일본은 너무 빨리 도망친 게 아닐까? 그래서 한국이 일본한테 여러 가지 불만을 품는 거라고.

구 로 카 와 : 일본도 이 남북문제를 해결하기 위해……

이명박 수호령 : 아니, 일본한테는 책임이 있어. 역시 있다고. 예전의 일본령(日本領)이니까 책임이 있지 않

겠어? 지배당한 후에 독립선언을 했는지 안 했는지 모르는 사이에 어느 틈에 남북으로 갈라졌어. 그리고 갑자기 전쟁이 쾅하고 터지고 남쪽 끝까지 빼앗겨서 연합군이 다시 물리치는 동안 휴전 상태를 유지하고 있지. 그러니까 전쟁은 끝나지 않았어.

구 로 카 와 : 그렇습니다.

이명박 수호령 : 이건 말이지, 아직도 전쟁 중이야. 이런 일이 몇 십 년이나 방치되었다는 건……

그런데 일본은 방관자인 척하잖아. 이건 무책임하지. 그리고 자기네는 열심히 경제 발전에만 매진했어. 요시다 시게루부터 다음 노선이 매우 이기주의적이었잖아. 한국도 생각해 달라고.

구 로 카 와 : 예. 저희 행복실현당으로서는 외교적 노력을 통하여 남북문제를 해결하려고 강력히 주장하고 있으며, 그것이 일본이나 동아시아의 평화로도 이어진다고 믿습니다.

이명박 수호령 : 허나 여보게. 북한이 경제적으로는 작고 대수롭지 않지만, 핵 개발이 실용화 단계에 이르면 위협적이니까. 그것만으로 진짜 항복해야 할 가능성도 배제할 수 없다고.

구 로 카 와 : 그렇군요.

이명박 수호령 : 그러니까 일본이 책임을 져.

♣ 오키나와의 미군 퇴출 운동은
한국에 폐가 된다

이명박 수호령 : 근데 오키나와에서는 뭐하는 짓이야? 미군 퇴출 운동 따위를 하다니. 그런 행동은 한국에 민폐라고.

구 로 카 와 : 그렇군요. 네.

이명박 수호령 : 한국을 조금이라도 생각해 본 적이 있나?

구 로 카 와 : 글쎄요. 오키나와의 미군은 한국의 안전보장

에 있어서……

이명박 수호령 : 그게 없어지면 북한의 생각대로 된다고. 어떻게 할 거야? 그건 어떻게 할 거냐고. 미군이 괌까지 물러나면 어떻게 될 것 같아? 말해두겠는데 이쪽은 북한한테 실컷 공격당할 거라고.

구 로 카 와 : 예. 그런 의미에서 오키나와의 미군기지에 관해서는 저희 행복실현당으로서도……

이명박 수호령 : 이거 참, 미군이라기보다 미국인이 도망치기 시작했잖아. 뭐 북한한테 당하고 싶지 않아서겠지만.

북한이 선제공격을 가하면 서울 따위는 불바다가 될 거야. 우리 수도 역시 그다지 견고하지 않거든. 시간상으로나 거리상으로 봐도 도망칠 수가 없다고.

그래서 우리는 미군을 인질로 좀 더 구속하고 싶어. 감옥 같은 데라도 집어넣어서 미군의 가족만큼은 절대로 국외로 나가지 못하게 붙들어 매고 싶을 정도야. 감시를 붙여서 감금하고 싶군. 미군이 도망치면 곤란하다고. 그런데 오키나와 말이야…… 그게 뭐하는 짓이야, 어?

구 로 카 와 : 네.

이명박 수호령 : 자네들이 책임지게.

구 로 카 와 : 저희는 미일 동맹을 강화해서……

이명박 수호령 : 응? 통일국가로서 현(縣 : 일본의 지방 행정 구역) 정도는 제압할 수 없어?

구 로 카 와 : 네. 민주당 정권은 지역 주권이라는 말을 하고 있어서……

이명박 수호령 : 뭐야 그게.

구 로 카 와 : 좀처럼 억누를 수가 없습니다.

이명박 수호령 : 한심하군.

구 로 카 와 : 저희 행복실현당이 힘을 갖춰서 그 문제를 해결해 나가려고 합니다.

이명박 수호령 : 그러니까 한국이 피해를 입는다는 거야.

아 야 오 리 : 행복실현당에도 차츰 영향력이 생기고 있어

서 거기에 관해서도 지도방침이……

이명박 수호령 : 힘이 약하니까 좀 더 노력하게.

아 야 오 리 : 알겠습니다. 점점 변하리라 봅니다.

이명박 수호령 : 그렇게 약해빠진 정당은 힘이 되질 못한다

고.

구 로 카 와 : 노력하겠습니다.

03

북한의 김정은에
어떻게 대처할까

북한의 미사일을 격추시킬 수 있을까

아 야 오 리 : 최근 북한의 미사일 실험이 문제인데요, 북한은 이 실험을 올해 4월에 실시한다고 예고했습니다.

이명박 수호령 : 그러게 말이야. 이미 촉박하다고. 이거(이번 영언) 책으로 낼지는 모르겠지만 시간에 못 맞출 걸?

아 야 오 리 : 네. 뭐……

이명박 수호령 : 책이 나온 시점에는 어떻게 될지 모르니까 말이야.

아 야 오 리 : 부디 한국과 일본이 협력하면서 북한의 문제에 대응해 나갔으면 좋겠습니다.

이명박 수호령 : 아니, 협력 따위는 아무래도 좋아. 뭘 할 수 있는지 말하라고. 협력 같은 건 어찌되든 상관없어. 그런 입에 발린 말은 필요 없어. 강자는 우

회하지 않는다고. 미사여구는 필요 없으니까 뭘 할 수 있는지 빨리 말해 봐?

아 야 오 리 : 부디 한국에서 어떻게 대응할 것인지 진심을 가르쳐 주시면 저희도 그에 보조를 맞춰 나가고 싶습니다.

이명박 수호령 : 한국에서 어떻게 대응하든 말든 그런 건 자네들과 관계 없는 일이야. 나와 관계 있는 건 '자네들이 뭘 할 수 있는가' 라고. 그러면 일본에 온 보람이 있겠는데 말이야. 한국의 대응에 관해 듣고 싶으면 자네들이 한국으로 오면 되잖아. 안 그런가?

아 야 오 리 : 저희로서도 최대한의……

이명박 수호령 : 순서로 따지면 그렇잖아? 나를 불러낸 이상 자네들이 뭘 할 수 있는지 제대로 봉납해야지, 안 그래? 그게 종교잖아?

아 야 오 리 : 물론 저희도 북한의 미사일 발사를 어떻게든 막으려고……

이명박 수호령 : 뭐? 오키나와? 아니면 이시가키지마(石垣島)?

아 야 오 리 : 글쎄요, 저기……

이명박 수호령 : 격추시키네 뭐하네 했잖아.

아 야 오 리 : 민주당 정권이라고 해도 '오키나와 본 섬이
나 이시가키지마 등에서 요격 미사일을 발사
하겠다' 고 말했습니다.

이명박 수호령 : 빗나가면 안 돼. 빗나가면 엄청난 치욕일 테
니까. 격추시킨다는 등 하긴 했지만 정말로
민주당 정권에서 격추시킬 수 있을까?

아 야 오 리 : 그 점도 확실히는……

이명박 수호령 : 역시나 판단이 늦어서 이미 착수(着水)해서
폭발한 뒤에 '격추시킬 예정이었으나 수상
이 자는 바람에 지시가 내려오지 않았다' 는
소리 하는 거 아냐?

아 야 오 리 : 그런 점도 확실히 개선하려고 합니다.

이명박 수호령 : 북한은 낮에 발사하겠다고 하지만 사실인지
거짓인지 알 수가 없어. 그런 나라는 믿으면
안 된다고. 자는 틈을 타서 미사일을 쏠 경우
도 있으니까. 모두가 격추시키려고 기다리면

격추당할 때를 맞춰 일부러 미사일을 쏠 멍
청이는 없을 거야. 그러니까 깜깜한 밤에 쏠
게 당연하다고.

구 로 카 와 : 네. 정부가 의연하게 대응하길 바랍니다.

이명박 수호령 : 으음.

♣ 일본에는
곤약처럼 힘없이 흐물흐물한 총리만 이어지고 있다

구 로 카 와 : 2009년 4월에 북한이 미사일을 쏜 뒤 이명박
대통령은 그에 대항하여 같은 해 8월에 인공
위성탑재 로켓을 발사하셨는데요, 오오카와
총재는 그 의연한 태도를 높이 평가했습니다.

이명박 수호령 : 아니, 일본에서 태어나지 않은 게 유감이군.

구 로 카 와 : 그렇습니까?

이명박 수호령 : 일본에는 나 같은 사람이 있어야 좀 더 힘이

될 텐데 정말 '곤약처럼 힘없이 흐물흐물한
총리' 만 이어지니까 한심하기 짝이 없군.

구 로 카 와 : 네, 그렇죠.

이명박 수호령 : 근성이 부족하다는 뜻이야.

구 로 카 와 : 이명박 대통령 같은 의연한 정치가가 되고
싶습니다.

이명박 수호령 : 좀 더 훌륭한 정치가를 보유하도록 노력해
야 해.

♣ 김정은의
어린애 불장난을 어느 시점에서 그만두게 할까

아 야 오 리 : 북한에서는 작년 말에 김정은이 후계자가 되
었습니다.

이명박 수호령 : 그래.

아 야 오 리 : 한국과 미국은 제법 정보를 교환해서 '김정

은 체제에 어떻게 대처해 나갈까' 에 대해 말씀을 나눴을 텐데요, 아마 일본은 그 부분에 관한 정보를 전혀 받지 못한 상태인 것 같습니다.

이명박 수호령 : 으음.

아 야 오 리 : 그래서 어떻게 김정은 체제에 대처해 나갈 것인지 현재의 본심을 꼭 듣고 싶습니다.

이명박 수호령 : 북한은 '강성대국' 이네 뭐네 하니까, 틀림없이 3대인 김정은에게 능력이 있다는 점을 보여 주려고 할 거야. 그래서 4월에 위성이라고 칭하면서 발사하겠다는데 그걸로 끝날 것 같진 않네. 아직 뭔가 다른 생각이 있겠지. 군사행동으로 다른 나라의 의표를 찔러서 인기를 얻고 싶을 테니까. 또 뭔가를 침몰시키려고 하거나 불시에 포격을 가할 작정일지도 모르지. 그런 일만 하고 있잖아?

구 로 카 와 : 네.

이명박 수호령 : 그런 건 거의 다 김정은의 일이거든. 포격사

건에다가 초계함 침몰사건도 있었고 부친(김
정일)이 죽었을 때도 미사일을 쏴댔어. 그 사
고 패턴으로 보면 말이야, 역시 다른 나라가
예상치 못한 일을 하고 '꼴좋다'며 즐거워하
는 타입인 건 분명해.

그래서 어린애 불장난 같은 행동을 어느 시점
에서 그만두게 할까가 문제야. 으음. 그러니까
일단 현 단계에서 나온 생각은 '북한의 탄도미
사일에 대항하기 위해 우리 미사일의 장거리
화를 계획한다'는 건데, 방위적인 것을 중심으
로 연구하기는 했지만 공격도 가능하다는 점
을 보여 주고 싶다고나 할까?

북한의 핵미사일 기지는 상당히 공격하기 힘
든 위치에 있어. 반대쪽에서 공격하지 않는
한 공격할 수 없는 곳에 잘 만들어 놨거든. 그
래서 기지가 중국 국경 근처에 있으니까 그
것을 공격할 수 있도록 해야 해.

당하기만 해서는 끝이 안 난다고. 따끔한 맛

을 보여줄 생각이기는 하지만.

♣ 북한의 식량보급로를 차단하면
일반 국민부터 죽어간다

아 야 오 리 : 미국 정부의 표면적인 행동을 보면 지난 북
미 합의처럼 미국은 북한에게 식량을 지원하
고 그 대신 미사일 발사 실험 등의 자숙을 촉
구한다고 하는데요……

이명박 수호령 : 무슨 보답을 주고받는 것 같은 행동을 도대
체 몇 번이나 하는 걸까?

아 야 오 리 : 맞습니다.

이명박 수호령 : 북한은 그걸로 위협하고 있겠지? '뭔가 식량
을 주면 잠시 행동을 멈추겠다' 는 등 말하고
는 그 약속을 깬다고. 지원을 해도 약속을 어
기지. 물품을 뜯어내는 형태라고나 할까?

아 야 오 리 : 미국은 이란 문제도 있으니까……

이명박 수호령 : 아아.

아 야 오 리 : 그쪽으로 다소 정신이 팔려서 북한은 잠시 얌전히 있어 달라는 식으로 식량을 지원하는 것 같다고도 할 수 있겠는데요.

이명박 수호령 : 그야 저쪽은 여러 가지로 계산이 끝났겠지만, 식량 지원을 의뢰하는 나라가 탄도미사일을 발사한다는 건 '정도껏 하라'는 뜻이라고. 사실은 이미 항복해야 할 상황이야. 국가적으로는 파산 선언을 해야겠지.

허나 국민이 인질로 잡혀 있기 때문에 식량 보급로를 차단하면 죽는 건 국민이지 정부 고관이나 군부 사람들은 죽지 않을 거야. 일반 국민부터 죽어나갈 테니까.

그래서 인도적인 의미에서는 쉽사리 몰아세울 수 없는 부분이 있다고. 군인부터 죽으면 식량보급로를 차단할 수 있겠지만 군인과 정부 같은 정치가 계통은 식량이 끊겨도 죽지 않거든. 가난한 일반인들부터 죽어나가니까 그 의미에서 식량보급로를 차단하기가 힘든 상황인 거야.

북한은 그걸 알고 있다고. 인도주의가 전혀 없으니까. 그러니 미국도 소극적인 태도로 가끔씩 식량 따위를 보내 주고 싶어 한다고. 게다가 일본의 민주당 정권은 그런 점에 약하거든. 그런 인도 정책에 너무 약해.

근데 그런 자잘한 교섭은 적당히 해야 해.

♣ 우리도 같은 날에
미사일 실험을 하면 된다

이명박 수호령 : '북한이 인공위성을 발사하겠다'고 할 때는 우리도 김정은의 거처를 향해 스커드미사일을 명중시킬 수 있을지 실험해 보면 좋지 않

을까?

북한이 미사일을 발사하는 날에 똑같이 하면 좋을 거야. 서로 쏘는 거잖아. 안 그런가? 불평할 수가 없다고. 저쪽도 실험하는 모양이니까 우리도 정확히 명중시킬 수 있을지 실험해 보고 싶어.

그리고 지하까지 침투할 수 있는 '벙커버스터' 라는 폭탄이 있으니까 그게 얼마나 효과가 있는지 실험해 보면 좋겠군.

어차피 지하기지를 만들어 놓은 건 알고 있으니까. 분명 지하에 대피소를 만들었을 거라고. 지상에 있으면 공격당하니까 지하로 들어갈 게 뻔한데 '벙커버스터를 써서 어디까지 파괴할 수 있을까' 미리 실험을 해두면 좋잖아?

같은 날에 공격하면 좋을 거야. 속이 후련해지는 거지. 공격당하면 같은 날에 되갚아 주겠다는 뜻이라고.

♣ 군사행동 시에
발생할 위험을 계산하는 미국

아 야 오 리 : 북미 협의를 하는 한편, 미군은 나름대로 유
사시 준비도 한다면서 군사연습도 예정 중이
라고 하는데요, 한국과 미국이 실제로 군사행
동을 일으키는 것도 염두에 두고 있습니까?

이명박 수호령 : 아니 그건 한미(韓美)라고 해서 한국을 포함해
도 되는데 북한과 전쟁을 하게 되면 미군만으
로도 패배할 리가 없는 건 이미 알고 있어.

전쟁이 일어나면 확실히 이길 건 알지만 그
경우의 피해 정도도 계산하고 있거든. 전차
로 공격을 당해도 서울까지는 1시간 이내에
제압할 수 있는 거리고, 저쪽의 대포가 구식
이든 뭐든 간에 포탄은 날아올 테니까.

그래서 우리의 공격 준비가 충분하지 못하면
북한의 대포가 일제히 사격하고 전차부대가

38선을 돌파해서 서울로 쳐들어올지 몰라. 그 경우 피해를 가정하면 최소 3만 명에서 10만 명 정도는 죽을 가능성이 있어서 그만큼의 위험을 감수하느냐 마느냐가 관건이지.

요컨대 '만 단위의 사람이 죽는다'는 위험을 무릅쓰더라도 전쟁의 승리, 종결로 가져가느냐 마느냐 하는 문제와 어설프게 전쟁을 했다가 중국이나 다른 나라까지 끌어들일 가능성이 있기 때문에 그런 의미에서 큰 국가 전략을 가져야 한다고.

북한뿐이면 요리하는 건 간단해. 근데 중국이나 러시아의 움직임도 계산하지 않으면 안 된다고. 거기까지 가면 국제 여론상으로도 충분히 납득할 대의가 있어서 그걸로 정리하는 거라면 좋겠지만, 그게 아닌데 전쟁을 하면 베트남 전쟁처럼 비난받을 가능성이 있거든.

그 점이 문제라고. 지금은 전쟁에서 패배할

걱정은 없는데 '피해가 얼마나 나올까' 가 문제지. 전쟁을 일으킬 만한 트집을 잡는 방법은 미국의 진주만과 똑같으니까.

북한이 바다에 떨어뜨릴 생각으로 쏜 미사일이 한국 어딘가에 떨어져서 마을 하나쯤이라도 약간 불타는 게 전쟁의 빌미로는 굉장히 좋아. 미국 국적의 배에라도 맞으면 더 좋고. 근데 저쪽의 선제공격을 허락하면 어느 정도 피해는 나올 거야.

오바마가 리더인 미국에서는 선제공격형 군사행동은 좀처럼 취하기 힘든 면이 있어서 공격하려면 먼저 어느 정도 피해가 발생해야 해. 현재 CIA나 여러 정보관련 기관에서 이 점을 계산하고 있을 거야.

♣ 한미일의 정권이 모두 불안정해서
어려운 시기에 접어들었다

구 로 카 와 : 그럼 역시 '미국과 협의하면서 한반도 통일
          을 위한 시뮬레이션, 계획은 진행되고 있다'
          는 뜻입니까?

이명박 수호령 : 음. 어쨌든 그 중에 일본도 들어가 있을 테지
          만 그다지 믿음이 안 가서 일단은 공동전선
          에 가담하는 가세를 보여 주느냐 마느냐 하
          는 문제뿐이랄까?

구 로 카 와 : 아니면 후방 지원이라든가……

이명박 수호령 : 또 일본 영토 내에 포탄이 떨어질 때만 격추
          시킨다든가 뭐 그런 거? 어차피 가능하면 건
          너뛰었으면 좋겠다고 바라잖아? 이게 일본
          정부의 자세라고.

구 로 카 와 : 현재 상황으로는 헌법 9조가 있어서 좀처
          럼……

이명박 수호령 : 이봐. 자네들은 아마 일본 국토에 떨어진다면 격추시킬 수 있지만, 건너뛴다면 격추시킬 수 없다. 그러니 건너뛰어 주면 좋겠다고 생각하지 않아? 분명 일본 정부는 베트남이나 필리핀이나 그 근방 나라까지 날아가면 좋겠다고 생각할 거야. 일본에 대한 우리의 신용도는 그 정도밖에 안 돼.

아 야 오 리 : 지금 북한은 김정은 체제로 변한 지 얼마되지 않았지만, 북한 내 체제에는 아직도 불안정한 부분이 있습니다. 이 배경에는 아직 최고 사령관만 포스트에 오를 수 있다는 점과 여러 파벌 혹은 그룹이 길항(拮抗)하는 상태인 점이 있습니다.

그렇게 매우 불안정한 상황이므로 '만약 미국이나 한국이 행동을 일으킨다면 빠를수록 좋다' 는 분석도 있는데요.

이명박 수호령 : 아니, 미국은 대통령 선거가 있으니까 북한한테는 딱 좋은 상황이군. 뭐 중국도 그럴지

모르겠지만, 대통령 선거 때문에 미국은 본격적으로 움직일 수 없을 거야.

오바마는 오바마대로 연임이 확실해 보인다면 그의 결단으로 행동을 일으킬 수 있겠지만 말이야. 저쪽은 임기가 4년이라서 좋은데 지금 상황으로는 공화당이 하나로 뭉치지 못해서 오바마의 연임이 유력해지고 있으니까 오바마의 판단에 달렸다고 보네.

뭐 오바마한테는 우유부단한 면이 있어서 그런 데서는 힐러리 클린턴이 판단하는 것 같은데 어쨌든 선거 대책도 있으니 강경노선을 취할 것 같군.

하지만 예산도 적잖이 들기 때문에 전쟁이 수렁에 빠지는 건 싫어. 순간적으로 끝난다면 좋겠지만 수렁에 빠지는 건 질색이거든. 사실 미국이 남아도는 핵무기를 떨어뜨리는 게 경제적으로는 가장 편하지만 그게 그리 쉽게 되는 게 아니라서 말이지.

그래서 통상적으로 전쟁을 해서 해병대가 가서 공격하면 당연히 인적 피해가 나올 거야. 미국에도 베트남과 이라크 등지에서 가족이 죽어 우는 사람들이 많으니까 역시 그걸 최대한 피하고 싶은 것 같아.

그렇기 때문에 아마도 미사일 또는 무인기(無人機) 같은 무기로 인적 피해가 발생하지 않는 전투방법을 쓸 것 같은데, 지금 그 대의 명분을 만드는 부분을 공작 중이라고. 김정은의 머리를 읽고 그 행동을 예측해서 공작하고 있지.

그리고 또 하나, 어디까지 움직일까에 관해서는 일본에 대한 신뢰 문제가 있겠군.

이번에 세 번째(총리)는 노다인가? 그는 부친이 자위대 출신이라 이전 두 총리들에 비하면 군사적인 방면에서 비교적 행동을 잘하거든. 그래서 미국과 공동보조를 취하는 것처럼 보일 수도 있겠지만 정치적인 안정도가 나빠서 별로야. 이번에 증세 문제도 포함해서 너무 불안정해. 언제 국회가 해산이 될지도 모르는 상황이 이어지고 미국, 일본의 정국이 모두 불안정한데다가 나도 임기가 끝나가니까. 그러니 북한에게는 마음껏 날뛸 보람이 있는 해라고.

♣ 혁명을 일으킬 힘도
남아 있지 않은 북한의 민중

아 야 오 리 : 현재 북한 내부에서 내분 형식으로 붕괴할 가능성이 없다고 보는 게 좋을까요?

이명박 수호령 : 숙청은 이미 시작된 것 같아. 온갖 이유를 갖다 붙여서 죽이기 시작한 모양이야. 당연히 그렇게 하겠지. 부친(김정일)에게 충성을 다했는데 자기한테는 충성을 다하지 않는 일

당? 지금 그걸 증명하나 봐. 자신한테 충성하지 않는 놈은 죽일 테니까 내부에서는 숙청이 시작되었겠지. 그래서 신변에 위험을 느낀 놈들이 도망치기 시작해서 내분은 일어나겠지만…… 으음, 과연 어떨는지.

'국가의 붕괴'가 달려 있으니까. 내분을 일으키지 않으려고 강경 자세로 미사일을 발사하려는 거겠지. 인공위성을 발사하겠다고 말해 놓고 '미국이 압력을 가해 오면 발사 중지'라는 행동을 취하면 약하게 보여서 당할 가능성이 있으니까 말이야.

그 성격과 젊음으로 보면 강경한 자세로 나올 테니까 격추시키겠다는 소리를 들으면 격추시키지 못할 때 발사하겠지. 하루 앞당겨 발사한다든가 여러 방법으로 공격할지도 몰라.

구 로 카 와 : 저희는 2012년을 '북한 종말의 시작'의 해로 보는데요, 북한이 붕괴한다면 발단은 무엇으로 보십니까?

이명박 수호령 : 으음······ (약 5초간 침묵)

사실은 혁명이 안 일어나면 이상한 상황이야. 그런 상황인데 재산이 압도적으로 군부 중심으로 배분되고 군부에는 식료품이나 재산적 보호가 두터운 데 비해 일반인들에게는 먹고 마실 것, 돈도 없어서 '혁명을 일으킬 힘'이 나오지 않는 거야. 혁명을 부추겨도 어느 틈에 살해당하는 상황이라고. 당하고 마는 거지.

그래서 여러 가지로 시도는 하는데 역시 엄중해서 아마도 오사마 빈 라덴과 같은 수법을 사용하지 않을까 싶군. 아마 그들이 숨은 곳을 노려서 집중 공격하는 방법을 사용하지 않을까?

구 로 카 와 : 알겠습니다.

♣ 중국은
북한의 속령화를 노린다?

구 로 카 와 : 그럼 만약 '북한이 붕괴할 경우'에 관해서
　　　　　　　물어보겠는데요, 남북의 경제 격차가 동서
　　　　　　　독일보다도 훨씬 커서 '현재 격차가 약 40
　　　　　　　배'라고 들었습니다. 한국은 그걸 받아들여
　　　　　　　서 통일할 수 있다고 보시나요?

이명박 수호령 : 나도 북한을 풍족하게 하는 방안은 내놨는데
　　　　　　　말이야, 북한 역시 연 수입 3천 달러 정도를
　　　　　　　올리는 방안(핵개발 포기, 개방 정책으로의 전환
　　　　　　　을 조건으로 북한에게 경제 지원을 실시하는 '비핵,
　　　　　　　개방 3000' 구상)을 제시는 했지.

　　　　　　　근데 한국, 북한만의 문제일지 모르겠어. 압
　　　　　　　록강 저편에는 이미 상당수의 중국군이 집결
　　　　　　　한 상태라 뭔 일이 있을 때 그들이 단번에 남
　　　　　　　하했을 경우에는 우리 힘으로 버틸 수 있을

지 의문이거든. 중국에 속령화될 우려도 없
지 않아서 또다시 지난 한국전쟁으로 되돌아
갈 가능성이 있어.

구 로 카 와 : 중국의 차기 국가주석인 시진핑(習近平)이라
는 분은 '칭기즈칸의 환생이다(《세계 황제를
노리는 남자》 참조)' 라고 하는데요.

이명박 수호령 : 그 사람 굉장히 기가 세서 이미 일본에도 싸
움을 걸고 있지.

구 로 카 와 : 네, 그러네요.

이명박 수호령 : 으음. 너무 강경해서 자기 진영에 속하는 나라
를 간단히 빼앗기는 걸 방치할지 의문이야.

구 로 카 와 : 오히려 한반도의 적화통일도 염두에 둘 가능
성이 있습니다.

이명박 수호령 : 그러니까 북한의 정치적 혼란을 막으려고 일
시적으로 인민 해방군을 수용하겠다고 하면
서 단번에 남쪽까지 노리면 감당할 수 없을
거야.
　　　　　　현재의 미국이라면 중국과 전쟁이 가능할지

여부를 판단하지 못할 수도 있고, UN도 UN
군을 보내줄 수 있을지 약간 의문이군.

♣ 일본에는
군비 강화보다도 경제 지원을 바란다

이명박 수호령 : 아마 그때 일본은 한반도 남단이 점령될 때
까지 가만히 보고 있겠지.

구 로 카 와 : 지금의 민주당 정권이라면 그럴지도 모르지
만, 저희는 헌법 9조 개정을 포함한 일본의
국방 강화, 동아시아 평화와 안정까지 염두
에 두려고 합니다. 한국의 입장에서 일본의
국방 강화를 어떻게 생각하십니까?

이명박 수호령 : 복잡하군. 감정적으로는 힘들어. 북한의 공
격으로 인한 정세 불안을 생각하면 동맹관계
로 봤을 때 어느 정도 강화해 나가는 게 좋겠

지만, 반대로 너무 강해져서 또다시 (한반도를) 빼앗으러 오게 되면 곤란하고 그 부분을 신용할 수 없어서 말이야. 그 두 가지 때문에 애매하군.

구 로 카 와 : 그렇습니까?

이명박 수호령 : 그러니까 굳이 말하자면 만약 북한과 우리가 통일 단계에 돌입했을 때 일본이 돈과 식료품 등을 확실히 원조해 주고 일본 회사가 도로나 다리 또는 수력발전 등 다양한 인프라 구축에 협력해 준다면 고맙겠는데.

구 로 카 와 : 그렇다면 예를 들어 일본이 핵무장을 하게 되면 역시 한국은 매우 곤란한가요?

이명박 수호령 : 그건 곤란하지. 그렇게 되면 북한에게 최대한으로 핵개발을 진행시켜서 발사 가능한 단계에서 흡수해야 된다고. (북한을) 너무 빨리 붕괴시키면 이번에는 한반도의 방어가 위험해질 테니까.

구 로 카 와 : 상당히 복잡한 상황이라는 뜻이군요.

이명박 수호령 : 복잡하지, 복잡해.

구 로 카 와 : 네, 잘 알겠습니다.

북한의 김정은에
어떻게 대처할까

04

좌경화하는
세계 흐름에
어떻게 대항할까

아무런 기대를 하지 않을 것이다

구 로 카 와 : 푸틴 씨가 러시아의 새 대통령으로 취임했는데요, 이쪽과의 관계는 어떻게 생각하십니까?

이명박 수호령 : 아니, 러시아도 우리와는 경제적인 면에서 협력관계를 추진하려는 중이지.

근데 북한에 관해서는 지금까지의 경위도 있어서 어려운 점이 있는데, 러시아가 북한에 기대하는 건 없을 거야. 거의 아무런 기대도 하지 않을 걸? 북한과의 관계를 강화한다고 특별히 좋을 게 없을 테니까. 아마 '교섭 카드로 쓸 수 있는 여지가 있는가' 로만 볼 거야.

구 로 카 와 : 이번에는 러시아도 북한의 미사일 발사에 대한 우려를 표명했는데요, 역시 한국, 일본, 미국, 러시아 등에서 북한 포위망을 구축하는 게 중요한 것 같습니다.

♣ 국익을 생각하지 못 하는 일본 국민은
무학문맹으로 보인다

이명박 수호령 : 사실은 일본이 우경화(右傾化)하는 게 가장
무서울 것 같군 그래.

일본 국민은 멍청해. 이란이 호르무즈 해협
에서 분쟁을 일으킬 것 같아서 석유 수입이
불가능할 수도 있다는데 '원자력 발전 반대'
로 원자력 발전을 중지하려고 하잖아? 우리
가 볼 때는 뭐랄까 상당히 무학문맹(無學文盲
: 배우지 못하여 글을 읽지 못하는 사람)으로 보인
다고. 요컨대 국익을 전혀 생각하지 못하는
사람들로 보인다는 소리야.

아 야 오 리 : 일본이 그런 정권을 가져서 저희도 어떻게든
그걸 바꾸려고 하는 중인데요, 한편으로 한
국에서도 이번 4월에 총선이 있고 12월에는
대선도 있습니다.

지금까지 이명박 대통령 노선에서는 경제적으로나 군사적으로도 상당히 흐름이 좋았는데, 지금 상황으로는 다음 선거에서 좌익사상을 가진 야당이 유리할 것으로 보여서, 이명박 대통령의 노선이 뒤집힐 것 같습니다. 일본도 이 점이 상당히 걱정이 되므로 어떻게든 해야 할 것 같은데요, 어떻게 생각하십니까?

이명박 수호령 : 좌익이 발생하는 원인은 대부분이 피해자 의식이라고. 역사적인 피해자 의식에서 나오는 게 많아서 말이야. 그래서 나는 이 나라를 강국으로 바꾸고 싶은 거라고.

남의 탓을 하는 나라

이명박 수호령 : 근데 말이야, …… 나도 좀 나이가 들었나. 한 열 살만 젊었으면 북한까지 공격할 만한 마음이 있는데. 십 년만 젊다면 내 손으로 북한 통합까지 해보고 싶은 생각은 있다고.

구 로 카 와 : 차기 대통령도 보수파 새누리당(구 한나라당)이면 이 대통령의 생각을 이어받을 수도 있을 것 같은데요, 좌파가 이길 가능성이 높다는 말도 들립니다.

이명박 수호령 : 한국도 일본만 비난할 수는 없고 원래부터 미적지근한 나라야. 무슨 말을 하고 싶은지 알 수 없는 나라라고. 어쨌든 이쪽저쪽으로 피해만 호소하는 나라라서 뭐 자네들이 잘하는 말로 치면 기본적으로 '남의 탓을 하는 나라' 지. 기본적으로는 그렇다고.

나는 비교적 자력(自力)으로 길을 개척하고 강국을 만들어가는 성격이지만 말이야.

게다가 북한은 환상을 갖고 있어서 김정은은 '광개토왕'이네 뭐네 하고 있지? 아마 그쪽이야말로 '자신이 남쪽까지 통합해서 대통령이 되겠다'는 마음일 테니까.

이걸 어떻게든 해야 하는 게 분명한데, 결단을 내릴 사람에게는 용기가 필요하다고. 피해 상황이나 정치적인 역풍 등 여러 가지를 전부 계산해서 종합적으로 판단한 다음에 결단해야 해.

또한 지금 미국도 군사 예산 축소와 미군을 철수하자는 추세여서 별로 좋은 때가 아니야. 대선에서도 '공화당이 반드시 이긴다고 할 수 없다'는 느낌이 좀 강해졌으니까.

민중은 불만이 생기면 반대쪽으로 표를 넣거든. 우리나라도 경제적으로는 약진해서 어느 정도까지 강해졌지만 한발 더 나가지 못 하는 상황이랄까?

아 야 오 리 : 이 대통령은 경제정책에서 자유주의 노선으로 수출 진흥에 힘써 왔지만 일본의 고이즈미 정권 이후와 마찬가지로 현재 양극화 현상에 대한 비판이 나오고 있습니다. 역시 좌익 세력에서는 복지를 요구하는 소리가 나오는 모양인데요.

이명박 수호령 : 지금 세계적으로 좀 그런 분위기가 강해서 말이야.

인류는 역시 게으른 사람이 많아. 열심히 땀 흘려 일한다는 사람은 적다고. 기본적으로 게으름 피우면서 돈 받는 쪽을 좋아하는 사람이 많잖아. 기본적으로는 그렇다고.

GDP NO. 2 부활을 선언한다

아 야 오 리 : 북한의 문제도 있지만, 내년 이후 한국이 정
말로 좌경화할 경우에는 역시 중국이 한반도
를 삼키려고 할 것 같습니다.

이명박 수호령 : 중국인가…… 중국 문제까지 포함되면 나도
생각이 잘 정리가 안 돼.

인구 13억의 대국이고 세계 2위의 GDP를
보유하며 대(對)미국 전략을 세워 세계 지배에
적극적으로 나서려고 하면 한반도의 남쪽만
갖고 힘내는 우리로서는 결국 힘겹다고.

아 야 오 리 : 정말 이 대통령의 임기 5년 동안 일본, 러시
아, 대만 등을 합해서 중국 포위망을 만들면
가장 좋았을 텐데요, 지금 상황에서 그걸 실
현하지 못하는 게 매우 유감입니다.

이명박 수호령 : 하지만 포위망 같은 것도 어떤 의미에서 약

하다는 것을 나타내는 거니까 일본은 일본 나름대로 생각해야 할 거야.

아니, 나 같은 사람이 일본의 수상으로 나온다면 분명 'GDP NO. 2를 만회하겠다' 고 선언하고 대처할 거라고. 자네들도 그렇게 말해 보면 어떤가?

구 로 카 와 : 저희는 바로 그런 형태로 '신 고도경제성장'과 'GDP 세계 제일' 을 지향하는 목표를 내걸고 있습니다.

이명박 수호령 : 세계 제일을 지향한다고? 그건 대단하구나. 힘내라고. 그래서 일본인으로 치면 믿을 수 없는 걸지도 모르겠지만.

구 로 카 와 : 아뇨, 아닙니다. 하지만 이명박 대통령 밑에서 한국의 경제성장률은 작년에도 3.6퍼센트로 계속해서 성장했고 일본도 수상의 리더십 하나에 달려 있습니다.

바꿀 수 없어 보인다

이명박 수호령 : 현재로는 미국의 퇴조 자체가 쉽게 바뀔 것 같지 않아. 퇴조에서 구제할 수 있을 만한 사람이 미국에 있는 것 같지도 않고, 뭐 자네 나라는 자네 나라 나름대로 어떻게든 해야 할 거야. 인재 부족은 어느 나라나 똑같은 모양이군.

일본의 민주당 정권은 누구도 그리 대단해 보이지 않는데다가 돌아가면서 정권을 잡고 있는 거잖아?

미국도 롬니가 좀 힘을 내고 있지만 국민의 기대는 대부분 '또 경기를 좋아지게 해 주지 않을까' 하는 점일 거라고. 돈을 좀 더 벌 수 있게 해 주느냐만 생각할 거야. 그것 이외에는 거의 생각하지 않는 상황이지.

오바마가 '양극화 현상을 시정하겠다'고 하면서 결국 모두가 가난해지는 방향으로 가고 있거든. 최근에도 '본래의 미국적인 방향으로 흐름을 되돌리고 싶다'는 방침을 발표했지만 선거에서는 고전할 거야.

아 야 오 리 : 일본은 지금 이미 바닥 상태여서 앞으로 우경화랄까, 보다 좋은 방향으로 나아갈 노력을 해야 할 것 같습니다.

좌경화하는 세계 흐름에
어떻게 대항할까

05

한일 역사 문제를
어떻게 해결할까

사자를 조련하는 채찍이다

아 야 오 리 : 그렇게 되면 앞서 말한 국방 문제에서도 나
왔는데요, 어느 정도 한국과의 알력도 나올
수 있는 점도 있습니다. 특히 역사 문제가 그
렇죠.

이명박 수호령 : 그렇지.

아 야 오 리 : 아까도 위안부 문제에 대한 말이 나왔는데
요.

이명박 수호령 : 급소, 급소거든. 그 말을 해야 자네들이 핵 무
장을 하네, 군사력을 증강하네 하면서 하지
않으니까 알면서 말하는 거잖아.

아 야 오 리 : 아, 그걸 노리셨습니까?

이명박 수호령 : 그뿐이야. 급소니까 말이지. 그 말만 해두면
'군사 확대 노선'이 나오지 않으니까 알면서
도 말하는 거라고.

근데 자네, 생각을 좀 해봐. 한국의 일본대사관 앞에 13세 소녀 위안부 조각상을 세우다니, 장난하는 것도 아니고 말이야. 13세 소녀가 지금은 80 넘은 할머니라고. 안 그래? 13세의 소녀상을 80 넘은 할머니상으로 바꿔봐. 어이가 없어서 아무도 동정해 주지 않을 테니까.

그래서 그런 걸 알고 있는 거라고. 그걸 알고 있지만 그 말만 하면 일본을 봉쇄하는 건 간단하지. 사자 조련이랑 똑같아서 사자를 채찍으로 때려서 아픔을 좀 느끼게 하면 다음에는 채찍을 휘두르기만 해도 벌써 얌전해질 테니까 말이야. 그걸로 재미 붙이는 거야.

이거랑 교과서였지? 종군위안부와 교과서를 언급하면 대체로 얌전해지거든.

아 야 오 리 : 이게 복잡한 까닭이, 그렇게 너무 지나치게 봉쇄하면 역시 약한 일본이 되어 버려서요……

이명박 수호령 : 아니, 그러니까 '살리지도 죽이지도 않을'

정도로 하잖아.

아 야 오 리 : 하지만 북한을 생각하면 일본도 어느 정도 나름대로 대응할 수 있게끔 할 필요가 있습니다.

이명박 수호령 : 그래, 그 점이 어려운 거야.

일본을 완전히 못 쓰게 만들면 여차할 때 곤란하고, 만약 남북통일이 되어 부흥하게 되면 역시 일본에게 도움을 받아야 하니까 보챌 수 있는 여지는 남겨둬야 하거든.

그 의미에서 죄악감을 갖게 해서 원조를 억지로 끌어내는 것도 생각하고, 우리는 나름대로 전략성이 있다고. 그런 역사 인식에 대해 끊임 없이 말하면 일본은 자금을 내줘야 하니까 그걸 흡수하는 의미에서도 말해 둬야 하는 거야. 잊으면 안 돼.

♣ 70년이나
잘못된 헌법을 따르는 일본은 미쳤다

아 야 오 리 : 독도 문제에 관해서도 역시 전략적으로 실시하는 상황입니까?

이명박 수호령 : 독도? 뭐 이것도 지금 말한 급소랑 같아. 섬 하나로 재산적으로는 별 대수롭지 않지만, 요컨대 일본은 '국방'과 '주권 국가' 인식이 약하니까 이거 하나로 공격할 수 있어. 확실히 말하면 이건 약점이라고. 헌법이나 법률상 이곳이 문제니까 말이야.

언제까지 잘못된 헌법을 받들고 살 거야? 우리가 보면 70년이나 지났는데 스스로 국가를 지키지 않는다는 식의 헌법을 지키다니, 확실히 말하면 미친 거지.

자네들이 미쳐 있는 동안은 이쪽에도 말할 권리가 있다고. 안 그래? 미치지 않게 되면 말할 수 없겠지만 말이야, 지금은 미쳤으니까 어쩔 수 없잖아?

아 야 오 리 : 최근 들어 겨우 국민 여론도 바뀌어서 개헌을 요구하는 사람이 많아졌습니다.

이명박 수호령 : 아니 약하니까 그럴 리가 없어. 독도 정도 빼앗겼다고 어차피 '아무런 피해가 없으니까'라고 하지 않아? 그래, 그 정도라고.

아 야 오 리 : 독도 문제뿐만 아니라 센카쿠 제도 문제도 있습니다.

이명박 수호령 : 사람이 10명 죽게 된다면 아무것도 하지 않는 게 좋다고 할 정도의 일이잖아.

아 야 오 리 : 센카쿠 문제로 일본 국민의 의식도 상당히 바뀌었기 때문에 지금 겨우 깨닫는 중입니다.

이명박 수호령 : 중국은 진심이라고. 센카쿠 열도 밑에는 지하자원이 묻혀 있는 걸 알고 있으니까 이제 진심으로 먹잇감을 사냥하러 올 텐데, 일본은 그다지 진심으로 원하는 게 아니니까. 그러니 어떨까. 여기는 재미있는 곳이군.

구 로 카 와 : 네. 이대로는 위험한 것 같습니다. 센카쿠 제
　　　　　　　도, 그리고 오키나와도요.

이명박 수호령 : 그쪽은 차례대로 영유권을 선언하면 되잖
　　　　　　　아?

구 로 카 와 : 일단은 센카쿠 제도부터 영유권을 선언하고
　　　　　　　있습니다.

이명박 수호령 : 역시 예전에 일본군이 중국 내륙까지 침공해
　　　　　　　서 휩쓸고 난징을 비롯해서 온갖 나쁜 짓을
　　　　　　　잔뜩 한 걸로 보면 일본은 한 번 중국의 지배
　　　　　　　하에 들어가야 한다고 발표해도 상관없겠어.
　　　　　　　그런 거지 뭐. 음.

구 로 카 와 : 저희는 그런 역사 인식에 대해서도 확실하게
　　　　　　　반론하려고 합니다.

한국 국민도 일본인으로 싸웠다

구 로 카 와 : 한국도 독도에 대형 부두를 건설한다고 발표
했는데요, 그 목적은 역시 '실질적인 지배를
강화하겠다' 는 것인가요?

이명박 수호령 : 아니, 자네들은 놀림당하는 거야. 그래. 고양이
가 쥐를 갖고 노는 거지. 놀림당하는 거라고.
어리석은 매스컴을 접하고 멍청한 교육을 받
은 국민들의 약점을 외국한테 잡힌 거야. 외
국에 약점을 잡힌 국가는 안 좋은 국가인데
그걸 모르는 거지. 그걸 모르는 동안에 하고
싶은 대로 하고 있잖아. 그러니 자네들도 불
행하군. 뭐 그런 의미에서는 불행한 것 같지
만.

구 로 카 와 : 일본에서는 교육과 매스컴을 좌파가 장악하
고 있는 점이 문제입니다.

이명박 수호령 : 그렇군. 하지만 말이야, 제2차 세계대전에서 일본과 한국이 전쟁한 게 아니라고. 근데 지금 일본의 젊은 사람들은 전쟁이라도 한 것처럼 여기는 사람이 잔뜩 있잖아. '무슨 침략이라도 했나' 하는 느낌이랄까? 진짜 일본역사를 공부하지 않는다고.

그러니까 '일본군이 공격해서 한국을 점령했나보다' 라고 생각하는 사람이 수두룩하지. 안 그래?

근데 아니잖아. 제2차 세계대전 때 한국 국민은 일본인이었다고. 그래서 함께 싸웠지.

남방 전선 같은 데도 저쪽에서 말하면 침략이겠지만 그건 한일 합동으로 침략한 거였어. 당시에는 한국인도 일본인으로 싸웠으니까. 같은 일본 군인이었다고. 그러니까 사실대로 말하면 침략 책임은 우리한테도 있지. 사실 있기는 하지만. 그런 건 모르는 거야.

그거랑 당신들이 말하는 원구(元寇 : 원나라가

일본을 두 차례 침입한 사건) 말인데, 원나라 침입 때는 원나라 군대가 전부 온 것도 아니라고. 일본에 전부 보내기가 힘드니까 대부분의 병사는 조선에서 징용했거든. 뭐 사령관은 원나라 사람이지만 사실 조선인이 배를 잔뜩 만들었지. 군함을 만들고 일본으로 공격하러 가서 일본인을 죽인 건 실은 조선인이야. 하지만 일본인은 중국(원)이 했다고 생각하지? 안 그래?

그런 오해가 자주 있다고. 그건 그걸로 됐어.

♣ 중국이나 한국에도
일본보다 위였다는 자존심이 있다

아 야 오 리 : 역사 문제는 여러 면에서 상당히 '한일의 가시'입니다. 이를 극복하려면 일본 정부로서

해야 할 말을 계속 주장하며 토론형식을 통해 안정화할 수 있는 형태로 해결하는 방법이 가장 좋을까요?

지금은 거의 반론다운 반론도 하지 않는 상태이기는 하지만, 양국 간에 좋은 형태는 어떤 것일까요?

이명박 수호령 : 뭐가 좋을까. 역시 국민감정에는 일본한테 모욕당한 느낌이 있으니까. 모욕이랄까 업신여김을 당하는 느낌이 있는데 자존심 면에서는 '원래는 우리가 위였다' 는 마음이 있어서 그런 점에 문제가 있겠군.

자네들은 모두 옛날 왜구의 자손이잖아? 왜구라고 하면 뭐 해적이지. 그래서 지금 한국에서나 중국에서도 해적의 자손으로 불리는 거라고.

'왜(倭)' 라는 한자가 그거잖아. 꼽추 비스무리한 의미잖아. 그런 비열하고 작은 사람을 말하는 거라고. 키드 갱 같은 의미잖아. 안 그래?

그 유명한 히미코(卑彌呼)도 비열하다(卑)는 단어가 사용되는데 그럴 리는 없겠지. 아마 일본어로 말하면 히메(姬 : 공주) 같은 거겠지. 거기에 비열하다 뜻의 비(卑)가 사용돼서 피해를 보는 거 아냐.

뭐 그런 식으로 중국이나 한국도 자기네가 위라고 여기고 일본인을 경멸했지. 경멸한 건 옛날 일이야.

흐름이 좀 변하기 시작한 게 도요토미 히데요시 이후부터인데, 과거에 한국으로 군대를 내보내도 별로 성공하지 못했어. 아주 옛날 히데요시 시절에도 말이야. 그리고 최근의 합병도 결국은 실패였다는 걸 뼈저리게 느끼게 하려고 사실 우리는 여러 가지 방법을 쓰고 있지.

♣ 종군위안부에 대한 포상도
논리적으로 말하면 한국 정부의 책임

이명박 수호령 : 그래서 종군위안부 문제로 비난하는 건데 말이야. 만일 문제가 있다면 현금이 아니라 일본군의 군표(군이 통화를 대신해서 발행하는 어음) 같은 걸로 지급받은 사람들 중에 일본군이 도산한 탓에 돈을 받지 못한 사람이 있어서 불만을 갖고 있다는 경제적인 불만은 있을지도 모르지. 근데 이런 건 내가 말하기는 뭐한데, 논리적으로 말하면 사실 그건 한국 정부의 책임이야.

그야 한국 정부가 보상하면 되는 거라고. 원자폭탄을 떨어뜨린 건 미국이지만 히로시마 주민이나 나가사키 주민은 미국에게 보상을 요구할 수 없으니까 국가에 요구하잖아. 원자폭탄으로 죽은 사람이나 그 후의 피해, 즉 원자폭탄이 떨어져서 병에 걸려 투병한 사람 등 온갖 피해 보상은 국가에게 요구하고 있다고.

뭐 도쿄대학살의 소이탄(燒夷彈)으로 10만 명이 전부 타죽었다고 일본인은 미국에게 보상을 요구하지 않아. 전사자에 대한 보상 외에 여러 가지 문제는 전부 국가에 바란다고. 이게 일반적인 국가의 자세야. 주권국가라면 당연하다고.

그러니까 어떤 의미에서 일본인의 대단한 점이자 멍청한 부분은 자기 나라만 책망하는 부분이야. 이게 대단하지만 멍청하고, 멍청하지만 대단한 점이고, 본래의 국가는 그래야 한다고 생각해.

확실히 말하면 종군위안부도 이제 80세가 넘은 할머니가 대부분이라고. 80을 넘어 90이 가까워져서 이젠 허리도 구부러지고 주름투성이인데다가, 모습을 보면 이제 좀 그만 해

줬으면 하는 할머니들이 나이를 진탕 먹고 호소하는 건 사실 생활보호 대신인 거야. 원래 생활보호를 원했는데 국가가 돈을 제대로 주지 않으니까 불평하면서 일본에게 보상받고 싶어서 호소하는 거지. 원하는 게 그뿐이라는 걸 우리도 알고 있어.

그건 알고 있는데 항의하게 만들면 일본이 약해지니까 그게 재밌어서랄까, 효과적이라서 호소하게 내버려둘 뿐이야. 하지만 이젠 남은 사람도 별로 없어서.

그걸 내버려두면 일본도 왠지 큰소리치지 못하고 뭔가 죄악감을 계속 가져서 상당히 편리하다고.

한일 역사문제를
어떻게 해결할까

06

대일 감정의
진심이란

부정적인 목표밖에 갖지 못하는 일본인

아 야 오 리 : 그런데 지금 한국은 현대자동차와 삼성 등이 세계적으로 노력해서 경제 상황이 순조로운 데요, 이건 이명박 대통령의 자유화 촉진정책 효과인 듯합니다.

한편 일본은 작년 동일본 대지진이 있었는데도 불구하고 증세(增稅)를 한다고 합니다.

이명박 대통령은 분명 '일본은 왜 이렇게 이상한 정책을 취할까' 라고 여기실 텐데요, 일본의 민주당 정권의 경제정책에 관해서는 어떻게 생각하십니까? 또 조언을 해주신다면 감사하겠습니다.

이명박 수호령 : 내가 조언을 할 수 있을지는 잘 모르겠군. 그야 일본은 선진국이니까. 상당히 대국으로서의 어려움이 있어서 잘 모르겠지만 말이야.

우리보다도 힘든 점이 있을 것 같네. 나라를 다스리는 건 생각처럼 잘 안 되니까.

일본으로 치면 한국을 다스린다는 건 분명 도쿄 도지사(東京都知事)가 도쿄도를 다스리는 정도일 거야. 그 정도겠지. 일본이 복잡하고 어려운 건 맞아.

근데 뭐랄까, 목표가 없어지는 부분이 큰 게 아닌가 싶군. 우리는 '여기까지 끌고 오겠다'는 목표를 만들 수 있었고, 그런 목표가 있었으니까.

지금 일본에는 목표가 없어져서 말이야, 아니 목표가 상당히 부정적인 방향으로 가고 있어.

다시 말해 목표가 '빚을 줄인다'든가 '그리스처럼은 되지 말자'라든가 그런 느낌이잖아? 아니면 '원자력 발전으로 일본인 전체가 피폭해서 국민이 다 죽지 않게 하자'든가 자네들은 지금 그런 부정적인 목표만 갖고 있잖아. 이런 걸로는 힘이 안 나온다고.

일본인은 이미 만족하고 있어. 자세히 말하면 1인당 수입을 비교했을 때 미국인보다 일본인이 더 풍족하다고. 일본인은 미국인(일부 부유층을 제외)의 2배의 수입이 있어. 미국 상위층의 극히 한정된 사람들은 일본인보다 훨씬 부유한 생활을 하지만, 그 사람들을 제외한 평균을 내보면 일본인은 미국인의 배가 되는 생활수준을 유지하고 있지.

중국은 남부의 홍콩과 상해 등 일부 지역만 미국 수준을 따라가지만 그래도 일본의 절반 정도뿐이라서 그런 의미에서 일본은 매우 훌륭한 수준까지 도달한 거라고.

그래서 어떤 의미로는 목표가 이미 없어져서 지진 재해라도 발생해 주지 않으면 할 일이 없는 상황인 거지. 지진 재해가 발생하고 그걸 정리하겠다는 국가 목표가 겨우 생긴 것이고, 몇 년이 걸려도 그것을 부흥시켜야 한다는 내각의 일이 생긴 거야. 지진 재해가 없었으면 할 일이 아무것도 없었을 걸?

민주당이 하는 일은 일을 하면 나빠지는 것뿐이잖아? 겨우 생산적인 일이 돌아왔다고. 지진 재해 뒷정리를 하고 마을을 부흥하겠다는 긍정적인 일이 간신히 지금 돌아온 거야. 그야 신의 뜻이겠지. 일이 돌아왔어. 그 전까지는 부수는 일밖에 없었으니까.

사실 좀 더 이념을 갖고 끌어가면 좋겠지만 애당초 일본 국민은 강한 지도자를 바라지 않잖아. 다시 말해 국민 개개인이 어느 정도 배가 불러서 '이 정도면 됐어' 라고 생각하니까 더 이상 강력한 지도자 같은 건 필요치 않고 체제도 크게 바뀌지 않길 바라고 '이 상태로 외국에서 공격을 받지 않으면 평화롭게 살아갈 수 있다' 고 생각하지.

아마도 이상적인 유토피아가 완성되기 직전이었을 거야.

일본에서 실현됐다?

구 로 카 와 : 지금 말씀을 들어보니 이명박 대통령은 '목표
를 세워 그 목표를 향해 간다' 는 매니지먼트 발
상을 가졌다는 것을 강하게 느꼈습니다.

작년에 한국은 연간 무역액 1조 달러를 달성
했는데요, 역시 국가에도 매니지먼트 시점이
필요하다고 생각하십니까?

이명박 수호령 : …… 아니 이 나라(일본)는 너무 커서 매니지
먼트가 불가능하잖아?

구 로 카 와 : 그렇겠네요……

이명박 수호령 : 실제로 못하는 게 아니야?

구 로 카 와 : 현재 상황으로는 누가 수상이 되어도 매니지
먼트가 불가능한 상태입니다.

이명박 수호령 : 전혀 못하는 건 아니고? 정치가 주도라고 하
면서도 정치가가 주도하면 아무것도 모르게

되는 거 아닌가(웃음)?

구 로 카 와 : 네, 실제로는 관료가 주도하고 있습니다.

이명박 수호령 : 실은 이제 일본은 정치가가 없어도 움직일 수 있어. 정치가 주도라고 해도 실제로는 정치가가 없어도 되는 상황으로 변하는 상태구만. 그런 의미에서는 지나치게 성숙한 국가군.

그래서 내가 한국에서 상당히 리더십 있는 대통령으로 보이는 이유는 달리 쓸모 있는 인재가 없기 때문이라고. 그건 사실이야.

일본은 노부나가(信長) 같은 거친 사람이 나오지는 않지만 일정한 수준을 유지하는 인재를 대량으로 만드는 데는 성공했지.

뭐 그런 의미로 보면 이상적인 공산주의국가가 만들어진 게 아닌가? 잘됐네. 이거 토머스 모어(영국의 사상가)의 유토피아라고. 안 그래?

구 로 카 와 : 하지만 지금 상황이 느릿한 쇠퇴로 향하는 중인지라 난처합니다.

이명박 수호령 : 어때. 인구가 줄어드는 만큼 GDP가 감소할

뿐이잖아? 그럼 됐잖아.

구 로 카 와 : 아니요. 저희 행복실현당은 '일본을 동아시
아, 그리고 세계의 리더 국가로 만들자' 고 호
소하고 있습니다.

이명박 수호령 : 그렇게 되면 다음에는 자네들이 칭기즈칸 같
다는 말을 들을 거야.

구 로 카 와 : 아뇨, 아닙니다. 저희는 평화로운 상태에서
세계의 평화와 안정을 만들어갈 생각입니다.
결코 제국주의적 형태가 아닙니다.

♣ 한국 배우나 가수가 일본에서 사랑받으면
가슴이 후련하다

이명박 수호령 : 한국은 일본에게 경제적으로 배우는 게 많았
지만, 지금은 확실히 문화적인 문제의 마찰
이 있어서 일본문화를 훔쳐보면서 수용하지

않는 애매한 사정은 있어.

근데 한국 배우나 가수나 다양한 문화가 일
본에서 사랑받으면 가슴이 후련해져서 사실
대등한 입장은 아닐지도 모르겠군.

그래서 우리는 일본의 가수나 여배우 등이
못생겨 보이게 하려고 키 크고 다리 긴 여성
을 가수나 여배우로 배출하고 있지. 그리고
어때. 일본에서 봤을 때 (한국인은) 외국인 같
지? 서구인 같잖아. 같은 황인종이라도 너희
들과는 달라라며 멋진 모습을 보여 주고 속
시원해 하는 거야.

자네들은 다리 짧은 여자를 좋아하지? 우리
는 그렇지 않다고. 그 점이 다른 거야.

구로카와, 아야오리 : (쓴웃음)

이명박 수호령 : 왜 웃지? 왜 웃는 거야. 사실을 말했을 뿐인
데.

한국에서 유명해지려면

아 야 오 리 : 일본에는 행복실현당이라는 정당이 있고
'일본의 GDP를 지금의 3배로 만들겠다' 는
정책도 내걸고 있는데요, 이 행복실현당의
존재에 대해 우연히 들으신 적이라도 있습니
까?

이명박 수호령 : 자네 말이야…… 아직은 무슨 파리가 날아다
니는 것처럼 하도 존재가 미미해서 그렇게
대단한 존재감은 느끼지 못했어. 근데 종교
로서는 '다양한 책을 내기도 하고 뭔가 널리
인기 있는 사람이 있다' 는 점은 한국에서도
조금 알려졌지.

일본의 권력 구조는 외부에서는 상당히 알기
힘들어서 말이야. 하지만 한국인은 일본에서
유행하는 게 무엇인가를 생각보다 잘 알고

있어서 조금은 알고 있긴 한데 전부는 파악하지 못했어.

한국인에게 '행복실현당이 일본에 존재하는 걸 알고 있는가' 라는 앙케트를 하면 도대체 몇 퍼센트나 될까…… 뭐 가치 없겠지만 말이야.

구 로 카 와 : 이제부터 활약하겠습니다.

이명박 대통령은 '경제성장 노선', '작은 정부', '친미 노선', '방위 강화' 등의 정책을 펼치셨는데요, 이것들은 행복실현당의 사고방식과도 상당히 일치해서요……

이명박 수호령 : 이거 참, 그래서 말인데, 한국에서 유명해지고 싶어하니까 행복실현당 정책으로 '한국에 1백조 엔 주자' 는 운동이라도 내걸면 좋을 거야. 그럼 한 순간에 한국의 미디어가 전부 1면에 보도할 걸?

'남북통일을 위한 자금이 필요할 것이다. 1백조 엔을 찍어서 한국에 주자!' 고 기사를 내면 하루 만에 순식간에 유명해질 거야. 어때?
정무조사회장. 가끔은 그런 일 해보지 않겠
어?

구 로 카 와 : 남북통일 시에는 경제적 지원을 할 수 있도
록 일단 일본 경제를 발전시켜야 합니다.

♣ 일본을
한국의 가상 모델로 했던 것은 사실

구 로 카 와 : 이명박 대통령은 일본에서 태어났다고 하는
데요, 대일 감정은 어떤가요? 발언을 듣고 있
으면 강경함과 유연함이 섞인 인상을 받는데
요, 속마음은 어떠십니까?

이명박 수호령 : 속마음 말인가……? 일단 역시 가상 모델이
랄까 경쟁 모델로는 일본을 쭉 의식해 왔고,
한국에서 표면상 일본을 존경한다고 하면 왕

따를 당할 테니까. 그런 말은 할 수 없지만 어쨌든 가상 모델로 '일본 같은 나라로 만들자'는 목표를 갖고 있었던 건 사실이야. 그래서 분하지만 그런 의미에서는 확실히 실력을 인정하지 않을 수 없지.

한국이 35년 동안 일본의 식민지였던 것이 그 억울함의 대부분을 차지한다고.

그래서 말이야, 일본인이 (일반 참가로) 황거(皇居 : 천황이 거처하는 곳) 앞에 가는 것처럼 일본인 전체가 한국에 와서 청와대 앞에서 오체투지(五體投地) 형식으로 사죄한다면 속이 후련할 텐데, 그렇게까지는 못하겠지? 예를 들어 매년 1만 명씩 투어를 와서 모두 양손을 들고 머리 숙여 절을 하며, 황거 앞에서 하는 것처럼 태극기라도 흔들면서 사죄하면 속이 시원하겠는데 말이야.

일본은 뭔가 하는 척 하다가 도망치잖아. 뺑소니처럼 느껴진다고.

고작 이토 히로부미 한 명 죽인 것 가지고 나라를 빼앗는 건 도가 지나쳐. 이봐, 안 그래? 사람 한 명의 목숨은 그렇게까지 대단하지 않다고.

아 야 오 리 : 일본으로 치면 맥아더를 죽인 것과 같으니까요, 당시에 합병되었으므로 부득이한 면도 있었던 것 같습니다.

이명박 수호령 : 아니 대단한 건 아니야. 음 대수롭지 않아, 대수롭지 않다고. 몇 번이든 환생할 수 있으니까. 그걸로 됐어.

구 로 카 와 : (쓴웃음)

♣ 속죄하려면 남북 통합 비용으로
1백조 엔을 내놓았으면 한다

구 로 카 와 : 한국인에게는 일본에 대한 복잡한 감정이 있

어서 행복의 과학의 가르침을 받아들이는 데
도 장벽이 높은 것 같습니다. 저희가 한국에
서 전도(傳道)하는 일에 관해 참고할 만한 조
언이 있다면 해주시기 바랍니다.

이명박 수호령 : 자네 말이야, 신자를 10만 명 이상은 만들어
야 정치적인 힘이 된다고. 지금 수준으로는
전혀 쓸모가 없어.

한국인은 '행복의 과학 사상에는 일본의 국수
주의가 일부 포함되어 있는 건 아닐까'를 경계
할 테니까 말이야. 뭐 제법 가깝고도 먼 나라라
고. 그러니 비교적 한국은 마지막으로 행복의
과학을 받아들이지 않을까 싶은데.

내 느낌으로는 중국에서 먼저 유행할 것 같
아. 중국인은 지금 거짓말쟁이뿐이니까. 거
짓말쟁이랄까, 이중 구조라서 완벽하게 가면
을 쓰고 공적인 얼굴과 속마음이 정반대로
나뉘지. 그래서 속마음은 완전히 일본인처럼
되고 싶어하니까 의외로 중국에서 행복의 과

학이 유행하지 않을까 싶은데? 그쪽에서 유
행한 후에 한국에서 유행하지 않겠어?

아 야 오 리 : 우리가 한국에서 전도할 때 노력이나 연구
해야 할 요점이 있다면 가르쳐 주시기 바랍
니다.

이명박 수호령 : 한국인은 일본의 영향력이 강해지면 역사 인
식으로 열등감을 느낀다고. 과거의 아픔이
충치처럼 욱신거리는 거야. 그러니까 활발하
게 활동하지 않는 게 좋아. 그러면 모두 평화
롭게 살 수 있어.

지금처럼 일본이 갈팡질팡한다든가 약해졌
다는 정보만 흘러들어오면 모두가 그냥 기분
이 좋은 거라고. 이해가 돼?

자네들의 우울은 우리의 기쁨이라고. 그러니까
지금 우리는 기쁜 상태라고 할 수 있지.

그래서 전도가 그리 쉽지 않을 거야.

그걸 속죄하고 싶으면 여기서 결말을 짓자고.

백조 엔 정도 딱 내나 봐. 어? 정무조사회장!

구 로 카 와 : (쓴웃음)

이명박 수호령 : 이건 남북 통합 비용이다, 아직 통합하지 못했지만 언젠가 필요한 비용일 테니까 미리 주겠다, 1백조 엔 정도 딱 건네줄 테니까 이걸로 남북 통합하고 나머지는 인프라를 구축해서 모두가 제대로 평화롭게 살면서 풍족해질 수 있게 해라. 뭐 이 정도는 해줘야 역시 강대국이라고 할 수 있지 않겠어?

구 로 카 와 : 지금 일본은 재정 적자로 애를 먹고 있어서 일단은 경제를 성장시키고 여력을 구축해야 합니다.

이명박 수호령 : 괜찮아. 자네들 이론에 의하면 아무리 빚을 내도 괜찮을 테니까(농담으로 하는 말).

구 로 카 와 : 아니요. 디플레이션 대책으로 통화 공급량을 늘린다고 해도 도를 넘으면 심각한 인플레이션 현상이 일어나기 때문에······

이명박 수호령 : 괜찮아, 괜찮아. 자네들 이론에 따르면 아무리 해도 망하지 않을 테니까. 괜찮을 거야.

구 로 카 와 : (쓴웃음)

아 야 오 리 : 중국의 민주화까지 염두에 두면 동아시아는 장래로 봤을 때 하나의 경제권이 될 테니까요, 한 번의 투자로 그 정도의 돈은 내도 괜찮을 것 같습니다.

이명박 수호령 : 오오! 자네, 성격이 시원시원하군.

아 야 오 리 : 아니오, 저는 정당의 임원이 아니라 책임 있는 입장은 아니라서요……

이명박 수호령 : 응? 책임이 없으니까?

아 야 오 리 : 어디까지나 언론으로 제 생각을 말씀드렸을 뿐입니다.

이명박 수호령 : 으음.

07

이명박 대통령의
종교관과
한국의 영계 사정

자본주의 정신을 강력하게 믿는다

구 로 카 와 : 그런데 이 대통령은 독실한 크리스천이라고
들었는데요.

이명박 수호령 : 그래, 맞아.

구 로 카 와 : 종교에 대해서는 어떤 견해를 갖고 계십니
까? 종교관을 가르쳐 주십시오.

이명박 수호령 : 종교관? 잠깐, 기독교에 대해 지나치게 말하
면 불교나 다른 곳과 마찰이 있기도 한
데……

아니, 그래도 역시 대단하지 않나? 크리스천
이라면 크리스천이라고 하는 것만으로도 대
단하지 않나? 안 그래? 일본인 지도자처럼 종
교를 숨기는 것보다는 당당하고 속 시원하고
좋잖아.

일본의 정치가는 온갖 종교로부터 표를 받으

려고 하니까 당당하게 말하려고 하지도 않고, 행복의 과학의 삼귀신자〔'불(佛), 법(法), 승(僧)'의 삼보(三寶)에 귀의를 맹세한 사람〕도 신자 아니냐고 물으면 아니라고 하고, 어차피 표면상으로는 부정하잖아? 일본에서는 이런 게 활개 치니까 그에 비하면 한국은 당당하다고.

한국은 기독교가 비교적 널리 퍼졌어. 왜일까. 역시 으음……, 뭐 속죄나 구제 같은 사상이 좋은 느낌이어서가 아닐까?

기독교에서는 공산주의와 자본주의의 사상도 끌어낼 수 있다고. 예를 들면 '부자가 천국에 들어가는 건 낙타가 바늘구멍을 통과하는 것보다 어렵다'는 등 그런 가르침을 따라가면 청빈 사상이나 공산주의 사상을 끌어낼 수 있지.

또 하나는 부자 주인이 여행을 가기 전에 종들에게 돈을 맡겼는데 '1달란트를 맡은 사람은 땅을 파서 묻고 그대로 뒀다' 던가, '다른 사람은 그걸 운용해서 돈을 벌었다' 던가, 여러 가지 예가 있었지만 결국 재산을 불린 사람이 칭찬받았다는 이야기가 《성경》(마태복음)에 실려 있는데, 이건 일종의 자본주의를 긍정하는 거라고.

《성경》속에는 그런 부분이 있어서 자본주의도 《성경》속에서 끌어낼 수 있어.

여행을 가는 주인에게 돈을 받으면 주인이 뭐라 하지 않아도 그걸 불려서 주인이 돌아왔을 때는 '이렇게 운용해서 불려두었습니다' 라고 하는 사람은 역시 칭찬을 받지. '구멍을 파서 묻고 그냥 숨겨뒀습니다' 라고 하는 건 역시 뭔가 부족하고, 그 돈을 잃어버리는 건 더 나쁘니까.

요컨대 나는 《성경》속에서 자본주의를 인정하는 방향을 끌어내서 내 신앙을 그 자본주의 정신으로 굳게 가져가고 있지. 그래서 《성경》이랄까, 기독교는 기본적으로 자본주의 정신과 어울린다고 생각해.

근데 크리스천 전체를 세계적으로 보면 본질적인 신앙이 깊어질수록 가난한 게 좋다는 말을 하는 경향이 강해지는데, 그런 의미에서 미국도 이단이야. 기독교에서 '기도하라, 곧 소원이 이루어질 것이다' 라는 방향의 좋은 점만 취해서 유행시켰거든.

그래서 좋은 점을 취하는 건 나뿐만 아니라 모두 할 수 있는 거겠지만. 나 역시 이렇게 자본주의 정신에 어울리는 점만 믿고 있지.

♣ 한국과 일본은
신끼리도 자주 싸운다

아 야 오 리 : 한국의 영계 사정에 관해 여쭤보고 싶은데요.

이명박 수호령 : 영계 사정······

아 야 오 리 : 아까 일본의 우울은 한국의 기쁨이라면서 일
본과 한국은 표리 관계에 있다는 식으로 말
씀하셨는데요, 영계에도 역시 복잡하고 어려
운 관계라고 생각하는 게 좋을까요? 역사적
인 경위도 여러 모로 있는 것 같은데요.

이명박 수호령 : 일한은······, 아니, 한일이지. 한일은 예로부
터 신끼리도 자주 싸운다고 할까, 싸우는 나
라라서 말이야. 거의 싸우고 있어.

그런데 한국이 높은 위치에서 일본으로 박사
를 보내 지도했을 때는 관계가 좋았어. 한국
을 위로 봐줬을 때는 좋았는데, 이쪽(일본)이
힘을 키우기 시작하면서 관계가 복잡해진 거
라고.

우리가 가장 신기하게 생각한 건 '이 조그만
일본이 어떻게 세계 최대급으로 번영할 수
있었을까' 였지. 과연 이게 신기할 수밖에 없
었어. 메이지 이후의 번영도 굉장했고, 제2차

세계대전으로 폐허가 된 후부터 회복을 보이는 것도 좀 대단했어. 폐허에서 세계 2위가 되기까지 20년 정도밖에 걸리지 않았잖아? 아마도 그래.

아까 이토 히로부미 이야기도 나왔지만 말이야. 자네 맥아더가 이러니저러니 했잖아. 확실히 그때 중국의 쑨원(孫文)도 '일본이 본격적으로 나오면 열흘 안에 중국을 점령할 수 있다'고 했으니까 그런 시기에 일본의 최고였던 사람을 죽이면 어떤 반작용이 있는 것은 당연할 거야.

하지만 이 나라의 발전력? 성장력? 역시 '이건 도대체 뭐야!' 라고 하는 부분이 신기해. 이게 신의 차이라고 생각하면 한국의 신은 울적해질 테니까 그렇게 생각하고 싶지는 않군.

나는 교육력 차이였다고 생각해. 다시 말해 한국의 교육열을 올려서 일본을 추월할 수 있다는 걸 기본 신조로 삼고 한국의 교육열을 높이고 있는 거라고. 그래서 학원에 열심히 가는 게 일본인과 한국인뿐이야. 뭐 대부분 그렇지만 말이야.

요컨대 나는 교육으로 나아가려는 부분에 일본의 본질을 보기 때문에 교육을 확실히 하면 일본을 넘을 힘도 가질 수 있을 거라 믿고 있지.

♣ 과거세는
일본의 수군을 격퇴한 장군?

아 야 오 리 : 지금 신에 관한 이야기를 하셨는데요, 이 대통령은 한국의 신적인 존재이십니까? 아니면 현세의 일본에도 깊은 인연이 있겠지만 일본의 영계에도 관여하고 계십니까? 어떤 존재인지 가르쳐 주시지 않겠습니까?

이명박 수호령 : 으음……, 어려운 문제군. 이 문제는 어려워.
잘못 대답하면 정치 생명을 잃을 문제라고.
글쎄, 한국인이 봤을 때 가장 멋진 인상으로
나타나야 할 텐데.

구 로 카 와 : 사실대로 부탁드립니다(웃음).

이명박 수호령 : 뭔가 말이야…… 그래. 가장 멋진 걸로 생각
해 보면 역시 한국전쟁 같은 데서 공격당할
때 그걸 격퇴한 장군으로 사람들이 생각해
주면 왠지 한국에서 인기를 얻을 수 있을 것
같군.

아 야 오 리 : 그건 고대 일본이 공격했을 때의 이야기입니
까?

이명박 수호령 : 뭐 고대가 아니라 중세도…… 중세, 고대 둘
다인가?
일본이 공격해 왔을 때 수군을 무참히 해치
운 장군처럼 생각해 주면 한국에서 인기가
급상승할까?
거짓말은 아니야. 완전히 거짓말이라고는 할

　　　　　　　　수 없지. 하지만 일본 쪽에서 싸운 건 아니야.

구 로 카 와 : 일본과는 인연이 없으십니까?

이명박 수호령 : 고대에는 일본의 식민지가 있었으니까. 임나
　　　　　　　　(미마나) 일본부가 있어서 그때 잠시 교류가
　　　　　　　　있었던 적은 있어. 그럴 때도 있었지만, 있기
　　　　　　　　는 있었지만……
　　　　　　　　아니, 지금 한국인 사이에서 '일본인으로 태
　　　　　　　　어난 적이 있다'는 과거세가 나오면 대선 같
　　　　　　　　은 데서 이기지 못한다고. 이봐, 알겠어?

구 로 카 와 : 네.

이명박 수호령 : 이해해 줄 거지? 역사 인식에 문제가 생긴다
　　　　　　　　고.

구 로 카 와 : 네, 알겠습니다.

08

이명박 수호령이
일본 국민에게
전하는 메시지

일본 국민에게 전하는 메시지

구 로 카 와 : 현재 북한과 중국으로 인해 동아시아의 평화
가 위협을 받고 있어서 한국과 일본은 미국
도 포함해서 연계를 더욱 강화해야 합니다.
마지막으로 이러한 관점에서 일본 국민에게
한 말씀해 주세요.

이명박 수호령 : 한글이 어려운가? 하지만 지금 한국은 영어
실력에서 일본인이 한국인을 다시 보게 하려
고 내 재임기간 동안 힘을 써서 영어 열풍을
굉장히 높였다고. 그래서 국제 기업 경쟁에
서도 현재 이기는 중이지.

일본의 국민들도 영어를 좀 더 제대로 공부
해야 해. 한국에 무시당하는 걸 별로 인식하
지 못하나 봐. 중국도 같은 상황인 것 같은데
뭐 일본에서도 영어를 한국만큼 열심히 하는

게 좋을 텐데 말이야.

'한글을 공부해도 다른 나라에서 사용할 수 없다고 진지하게 배우지 않고, 관광이라고 해도 한국 요리를 먹으러 가는 것 빼고는 방법이 별로 없다' 고 하니, 무시한다는 생각이 들기는 하는군.

하지만 남북이 통합했을 때는 경제 기회가 또 크게 발생할 테니까. 역시 토목, 건설업에 관계된 사람들은 한글 공부도 해두는 게 좋을 거야.

나는 '어학 열풍으로 한국인에게 자신감을 주자' 는 취지로 어지간히 하고 있지. 한글은 고립된 언어라서 말이야. 일본어도 그렇지만 한글은 고립되어 다른 곳에서 통하지 않는 언어고, 역사적으로도 옛날부터 한국의 작품이 한글로 쓰인 게 아니니까 이 점이 괴롭군. 거의 중국어를 사용했지. 한문을 말이야. 한어를 사용했다고.

그런 의미에서 국가적인 독립성의 가장 큰
뿌리의 부분이랄까, 국민의 가장 자신이 없
는 뿌리의 부분이 자신들이 쓰는 말로 자신
들의 역사를 전부 말할 수 없다는 점에 있기
에 이 점이 사실은 가장 분하게 느끼지.

그래서 우리도 모델로는 메이지 유신 이후의
일본처럼 개화해서 외국어를 받아들이고 외
국 문물을 흡수해서 반대로 강해지는 노선을
연구 중이지. 한국이나 중국은 일본의 메이
지 유신을 일단 의식하고 있을 거야.

어쨌든 지금은 한국 기업이 아시아와 그밖의
나라에서 일본 기업과 경쟁해서 이기는 것에
굉장한 기쁨을 느끼고 있어서 그 점은 각오
하는 게 좋지 않을까 싶군.

구 로 카 와 : 일본과 한국이 절차탁마(切磋琢磨)하여 공존
공영해 나가길 바랍니다.

이명박 수호령 : 그리고 한국만큼 미인을 만들 수 없다니 불
쌍한 나라라고 여기니까 말이야. 서구형을

지향하는 한국을 본받아 일본도 좀 더 서구형 미인을 중요시해야 하지 않을까? 홍백가합전(紅白歌合戰 : 매년 12월 31일 밤에 NHK에서 방송하는 가요 프로그램) 따위도 머지않아 한국에게 점령당할 거야. 일본인은 조그만 어린애 같은 애들만 나와서 뛰어다니는데, 한국인은 어른이 나와서 노래하니까 일본은 질 거라고.

구 로 카 와 : 일본에는 한국문화를 받아들이는 기반이 마련되어 있으니 한국에서도 일본문화를 받아들여 교류가 더 진척되길 바랍니다.

이명박 수호령 : 그러니까 종군위안부 대금으로 1백조 엔을 보상해야 해.

구 로 카 와 : (쓴웃음) 그러면 오늘은 바쁘신 와중에 지도해 주셔서 정말 감사합니다.

오오카와 류우호오 : (이명박 수호령에게) 네, 정말 감사합니다.

이명박 수호령이
일본 국민에게 전하는 메시지

09

한일 관계를
미래지향으로

북한 문제까지 정리하길 바란다

오오카와 류우호오

한국에서 보면 일본은 꽤 복잡한 나라 같군요. 왜 이웃나라에 이토록 작은데도 강한 나라가 있는지가 신기하겠죠.

지금 일본은 중국의 위협을 호소하지만 반대로 중국에서 보면 '우리는 일본의 20배가 넘는 국토와 10배가 넘는 인구를 보유하면서 왜 일본과 경쟁해야 할 상황인가'라는 느낌이겠죠.

또 한국에서는 일본이 악마의 나라처럼 보여서 제2차 세계대전에서 패한 뒤 '일본은 그대로 쇠퇴해야 한다'고 여겼겠지만, 전쟁 후 일본은 되살아났습니다. 이러한 점에도 분하게 느낄지 모르겠군요.

한국 사람들의 마음은 일본이 선인지 악인지 모르겠지만 본보기 삼아야 한다고 할까요?

확실히 그런 상황에서 '행복의 과학이라는 강대한 종교가 나타나 일본뿐만 아니라 해외까지 지도한다'고 하면 그들의 내셔널리즘을 몹시 자극할 겁니다. 이 점이 한국에서의 전도가 지체되는 요인 중 하나일지 모릅니다.

이명박 대통령은 크리스천이지만 그런 건 별로 상관없습니다. 크리스천이면 행복의 과학의 책을 읽고 이해하지 못할 게 없습니다. 행복의 과학 가르침은 크리스천에게도 충분히 통합니다. 게다가 크리스천이면서 자본주의자라면 그 나름으로 행복의 과학과 모임과 사고방식이 맞을 것입니다.

나는 '한국으로 치면 좋은 대통령이 나왔다'고 생각하므로 그가 힘을 내서 북한 문제까지 확실하게 정리해 주었으면 하는 바람입니다.

한국의 국민성에
한층 더 관용을

구로카와

이번에 '일본에 대한 한국의 국민감정이 상당히 복잡하다' 는 것을 잘 알았습니다.

오오카와 류우호오

그래요. 뭐라고 표현을 할 수가 없군요. 예를 들어 일본에는 배용준 사진을 장식하고 고려인삼만 파는 가게도 있습니다. 확실히 그게 제일 잘 팔리겠지만 일본인이 그렇게 인식하고 있다는 것에 분한 감정이 있는 것 같습니다. 이 복잡한 감정에 는 뭐라고 표현할 수 없는 것이 있습니다.

사실 제2차 세계대전에서 일본 황실이 무너졌으면 한국인 들은 속이 후련했을 것입니다. 반대로 말하면 미국이 원자폭 탄을 떨어뜨려도 황실은 무너뜨릴 수 없다는 강점에 뭐라 표 현할 수 없는 신기함과 무서움을 느꼈겠지요.

일본 황실은 125대째 이어지고 있는데 이건 달리 표현할 수 없을 겁니다.

또 한국인들은 일본인에 비하면 원한이 상당히 강한 것 같습니다. 예컨대 한국에서는 대통령이 바뀌면 전 대통령의 일족과 그 무리를 체포하거나 그들의 재산을 갈취하기도 합니다.

일본에서 이런 일이 벌어진 것은 전국시대입니다. 그 의미에서 뭔가 잘못된 것이 남아 있는 인상을 주는데요, 복수심이 매우 강한 것이죠.

그건 옛날 전국시대의 사고방식입니다. 혹은 겐지(源氏)에 의해 헤이시(平氏)가 전멸당한 겐페이(源平) 시대까지 거슬러 올라가야 일본에 그런 사례를 볼 수 있을 겁니다.

한국은 국민성에 한층 더 많은 관용이 필요한 것 같습니다.

구로카와

기독교의 '용서의 가르침'이 섞이면 좋겠지만, 좀처럼……

오오카와 류우호오

기독교(〈신약성경〉)라기보다는 〈구약성경〉의 질투하는 신이 나오는 느낌이 드는군요. 아마 한국의 경우에는 신들의 뿌리에도 문제가 있어 보입니다.

또 결과적으로 일본 신도의 신들이 역시 강할 것 같네요. 분명 그럴 겁니다.

이 점이 복잡한 점입니다. 그러나 언제까지고 소극적인 태도로 있어서는 안 됩니다. 일본은 지금 정체 중이라서 빈틈이 생긴 상태이므로 그런 뜻에서라도 미래를 지향하는 게 중요하지 않을까요?

구로카와

행복실현당도 미래 지향 정책을 뚜렷하게 내세우겠습니다. 오늘 지도해 주셔서 정말 감사드립니다.

후기

일본에도 좌익교육이나 우익언론에 지지 않을 정도로 강력한 정치가와 세계에 당당하게 언론을 발신하는 매스컴이 필요하다고 느낀다.

일본 정부는 이번 북한의 미사일 발사 소동이 최근 2년 남짓 오키나와 미군기지 문제나 작년부터 계속되는 지진 재해 후의 반 원자력 발전 운동과 모순되는 것을 국민이 깨닫지 못하길 바랄 것이다.

한결 같이 옳은 일을 주장하는 것은 행복실현당 뿐인데 매스컴은 '모르는 척하는 자유' 야말로 '보도의 자유' 라고 믿는 것 같고 일본 내 문제만 휘젓고 있다.

진리는 강해야 한다. 진실을 주장하는 사람은 용기를 가져야 한다. 이 나라는 '올바른 신앙심' 으로 한 번 오염을 제거해야 할 것이다.

2012년 3월 27일

행복실현당 창립자 겸 당 명예총재

오오카와 류우호오

오오카와 류우호오의

《한국 이명박 대통령의 영적 메시지》관련 저서

《러시아의 새 대통령 푸틴과 제국의 미래》(행복실현당 간행)

《북한 – 종말의 시작》(행복실현당 간행)

《세계 황제를 노리는 남자》(행복실현당 간행)

《원자바오 수호령이 말하는 대 중화제국의 야망》(행복실현당 간행)

《국가사회주의란 무엇인가》(행복의 과학 출판 간행)

한국 이명박 대통령의 영적 메시지
한반도의 통일과 한일의 미래

2012년 7월 5일 제1판 1쇄 발행

지은이/오오카와 류우호오
옮긴이/박재영
펴낸이/강선희
펴낸곳/가림출판사

등록/1992. 10. 6. 제4-191호
주소/서울시 광진구 중곡2동 161-27 경남빌딩 5층
대표전화/458-6451   팩스/458-6450
홈페이지/ www.galim.co.kr
전자우편/galim@galim.co.kr

값 7,500원

ISBN 978-89-7895-369-6 03340
ISBN 978-89-7895-365-8 04340(세트)

가림출판사 · 가림M&B · 가림Let's 의 홈페이지(http://www.galim.co.kr)에 들어오시면 가림출판사 · 가림M&B · 가림Let's 의 신간도서 및 출간 예정 도서를 포함한 모든 책들을 만나실 수 있습니다.
온라인 서점을 통하여 직접 도서 구입도 하실 수 있으며 가림 홈페이지 내에 서전국 대형 서점들의 사이트에 링크하시어 종합 신간 안내 및 각종 도서 정보, 책과 관련된 문화 정보를 받아보실 수 있습니다.
또한 홈페이지 방문시 회원으로 가입하시면 신간 안내 자료를 보내드립니다.